O empreendedorismo de Israel Kirzner

Adriano Gianturco

O empreendedorismo de Israel Kirzner

Adriano Gianturco

1ª Edição

Mises Brasil
2014

Autor
Adriano Gianturco Gulisano

Esta obra foi editada por:
Instituto Ludwig Von Mises Brasil
Rua Iguatemi, 448, conj. 405 – Itaim Bibi
São Paulo – SP
Tel: (11) 3704-3782

Impresso no Brasil / *Printed in Brazil*

ISBN: 978-85-8119-097-6

1ª Edição

Tradução
Capítulos 1, 2, 4 e 5: Isadora Darwich
Capítulos 3 e 5: Thaiz Batista

Revisão
Gustavo Nogy

Capa
Neuen Design

Imagem de capa
Taiga/Shutterstock

Projeto gráfico e diagramação
Estúdio Zebra Serviços Editoriais

O livro é a tradução do "*L'imprenditorialitá di Israel Kirzner. L'etica della proprietá e la moralitá del profitto nel libero mercato imperfetto*" di Adriano Gianturco Gulisano, Rubbettino Editore, Soveria Mannelli, 2012

A editora Rubbettino Editore concedeu gentilmente os direitos de publicação.

Ficha Catalográfica elaborada pelo bibliotecário
Pedro Anizio Gomes – CRB/8 – 8846

G433e **GIANTURCO**, Adriano
O empreendedorismo de Israel Kirzner / Adriano Gianturco ;
Tradução de Isadora Darwich e Thaiz Batista. -- São Paulo :
Instituto Ludwig von Mises Brasil. Brasil, 2014.
147p.

ISBN: 978-85-8119-097-6

1. Economia 2. Empreendedorismo 3. Escola Austríaca
4. Livre Mercado I. Kirzner, Israel II. Título.

CDD – 338.6

Índices para catálogo sistemático:

+ Atividade empresarial (empresas públicas, particulares,
pequenas, grandes e domésticas) 338.6

SUMÁRIO

PREFÁCIO   **7**

CAPÍTULO 1
A FIGURA DE ISRAEL KIRZNER   **19**

   1.2 A importância de Kirzner no debate contemporâneo.   **21**

CAPÍTULO 2
EMPREENDEDORISMO. KIRZNERIANOS E ROTHBARDIANOS   **25**

   2.1. Ação e função do empreendedorismo.   **25**

   2.2. Empreendedor puro, capitalista e proprietário.   **29**

   2.3. Passividade? Ações (ativas), comportamentos inconscientes,
busca e descoberta.   **33**

   2.4. Oportunidades, expectativas e incertezas.   **39**

   2.5. Tempo, arbitragem, risco e custo/oportunidade.   **43**

   2.6. Conclusões.   **46**

CAPÍTULO 3
POLÍTICA   **55**

   3.1 Críticas socialistas ao mercado.   **55**

   3.2 Justiça redistributiva. Resposta a críticas socialistas
e crítica de algumas defesas do liberalismo.   **62**

   3.3 Redistribuir coercivamente ou alocar através do mercado:
a perspectiva da *"given-pie"*.   **63**

   3.4 Liberalismo e estatismo. Burocratas e justiça econômica.   **68**

   3.5 Descrições neutras e prescrições apaixonadas.   **72**

   3.6 Implicações para as políticas públicas.   **77**

   3.7 Rumo a uma "Public Choice Austríaca"? O empreendedor político.   **82**

CAPÍTULO 4
ÉTICA E CULTURA 87

4.1. Propriedade legítima, aquisição do estado de natureza e
"o que um homem tem produzido". 87

4.2. A ética do *finder-keeper*, o erro, o valor agregado
e as externalidades negativas. 92

4.3. Gênese, natureza e moralidade do lucro. 100

4.4. A "arbitrariedade moral" do acaso. 106

4.5. Mentalidade antiliberal: ignorância e inveja. 110

CAPÍTULO 5
CONCLUSÕES 121

Uma defesa não defensiva do liberalismo. 121

REFERÊNCIAS 137

PREFÁCIO

A Escola Austríaca, dentre todos os ramos de pensamento econômico, é seguramente a única que sempre se preocupou com a importância do empreendedorismo para analisar os fenômenos da economia. Com efeito, essa preocupação pode ser notada desde alguns dos pós-escolásticos e protoaustríacos (aqueles que antecederam Carl Menger), ao mesmo tempo em que está completamente ausente nas obras dos chamados economistas clássicos, de David Hume e Adam Smith até os economistas contemporâneos da *mainstream economics*.

Enquanto os neoclássicos enfatizavam a chamada análise de equilíbrio parcial ou geral e os problemas implicados por essa análise, colocando em posição secundária o estudo dos processos mediante os quais os mercados atingem o equilíbrio, a vertente principal dos austríacos prioriza como objeto de estudo o processo de mercado, relegando a análise das condições de equilíbrio a um plano não mais que instrumental.

Para a Escola Austríaca, o mercado é um processo de permanentes descobertas, o qual, ao amortecer as incertezas, tende sistematicamente a coordenar os planos formulados pelos agentes econômicos. Como as diversas circunstâncias que cercam a ação humana estão ininterruptamente sofrendo mutações, segue-se que o estado de plena coordenação jamais é alcançado, embora os mercados tendam para ele.

Esse fato, por si só, já seria suficiente para destacar a importância deste livro, em que o Professor Adriano Gianturco Gulisano discute com solidez teórica a importância do empreendedorismo e destaca a obra de sua principal figura nos meios acadêmicos, Israel Kirzner, mostrando sua relevância no debate acadêmico.

Dentre os "austríacos", Kirzner, londrino que viveu e estudou em Cape Town e que obteve seu PhD na Universidade de Nova Iorque, onde foi professor (atualmente está aposentado), é quem mais se dedicou (juntamente com Ludwig Lachmann, que pertence à geração anterior) a estudar as características da atividade empreendedora e a analisar o processo de mercado. Segundo ele, uma das causas da atual crise da teoria econômica é a ênfase excessiva que ela tem dedicado ao estudo dos casos de equilíbrio. De fato, embora não seja correto repelirmos totalmente a ideia de mercados em equilíbrio, o bom senso e a simples observação do mundo real, de um lado, e o espírito de seriedade acadêmica, de outro, obrigam-nos a reconhecer as limitações explicativas e normativas da ênfase no equilíbrio.

Ao adotarmos essa postura, deparamo-nos imediatamente com dois questionamentos aos modelos de equilíbrio geral derivados de Walras: se os agentes econômicos são tomadores de preços, como surgem, então, os preços? Além disso, como se coordenam as ações dos diferentes indivíduos? A corrente principal da teoria neoclássica recorreu ao conceito do "leiloeiro walrasiano" para dar resposta às questões, isto é, os preços seriam gerados por um ente fictício, não participante do mercado, cuja atuação também coordenaria a dos participantes. Kirzner, ao contrário, prefere explicar a formação de preços como o resultado da interação entre os agentes econômicos que atuam nos mercados.

Emerge, assim, a importância do *empreendedorismo* e da *função empreendedora*, cuja essência é um estado de permanente alerta, no sentido de conseguir captar oportunidades de lucros não descobertos anteriormente. Tais oportunidades, que se revelam nos mercados através de diferenciais entre preços, são descobertas gradualmente pelos empresários que, ao explorá-las, tendem a corrigir desequilíbrios anteriores e, com isso, a promover maior coordenação entre os planos individuais e, portanto, a gerar uma tendência de equilíbrio nos preços. Isto decorre do axioma fundamental da *praxeologia* – que a ação humana, sendo motivada pela vontade de aumentar a satisfação individual, promove revisões nos erros anteriores que devem conduzir a erros sucessivamente menores. Na ausência de divergências de expectativas, o sistema aproxima-se automaticamente de um estado de completa coordenação que, no entanto, não é alcançado, na medida em que as divergências que cada participante do mercado formula subjetivamente tendem a gerar transformações permanentes.

O conceito austríaco de *função empreendedora* – vale dizer, do papel do empreendedorismo – está claramente relacionado ao de *ação humana*, definida genericamente como qualquer comportamento deliberado com vistas a atingir determinados *fins* que, segundo acreditam os agentes, irão aumentar sua satisfação. Cada indivíduo – *homo agens* – atribui a um determinado fim uma apreciação subjetiva, de caráter psicológico. A função empreendedora, definida mais precisamente, nada mais é do que aquele atributo individual de perceber as possibilidades de lucros ou ganhos eventualmente existentes no vasto campo da ação humana. Ora, como isso se constitui em uma categoria de ação, esta pode ser encarada como um fenômeno *empreendedor*, que põe em destaque as capacidades perceptiva, criativa e de coordenação de cada agente.

Notemos que a ação empreendedora se processa em ambiente de surpresa e de incerteza genuína, e requer criatividade, uma vez que o futuro é sempre incerto e está sempre aberto ao desenvolvimento do potencial criativo dos agentes. Outra característica da ação empreendedora é que, em se tratando de escolhas ao longo do tempo e em condições de incerteza, há sempre outras ações a que se deve renunciar. Para os economistas da Escola Austríaca toda ação embute um componente empreendedor puro e criativo em sua essência, que não requer qualquer custo e que é exatamente o que permite aproximar o conceito de ação do conceito de função empreendedora.

Além disso, qualquer ação é sempre *racional*, no sentido que *a priori*, quando formula sua ação e delineia os fins, o agente sempre busca os meios que julga serem mais apropriados para que tenha sucesso. Isto não significa, logicamente, que *a posteriori* não existam os chamados *erros empresariais*, que são os prejuízos ou perdas decorrentes de erros de avaliação de meios e fins.

Toda ação – e, portanto, toda atuação empreendedora – tem a capacidade de gerar novas informações de cunho implícito, de natureza ao mesmo tempo prática e subjetiva e que muitas vezes não podem ser expressas. Sendo assim, o conjunto de ações ou atos empresariais induz cada agente a ajustar ou coordenar suas próprias atuações levando em consideração as necessidades, desejos e circunstâncias dos demais agentes, transmitidas pelas informações geradas pelo processo de mercado por meio de suas atuações. Essa dinâmica, no final das contas, é que torna possível e interessante, de maneira inteiramente espontânea e inconsciente, a própria vida em sociedade.

A ação empreendedora é imprescindível para tornar possível o *cálculo econômico* – definido como as estimativas de avaliação dos resultados dos diversos cursos de ação –, porque somente ela é capaz de proporcionar as informações necessárias para tal. A função empreendedora, portanto, é um elemento precioso para a realização do processo de coordenação social e dos juízos dos resultados da ação humana no campo econômico.

Uma sociedade que abre mão da função empreendedora está condenada à ausência de coordenação social e de cálculo econômico e, portanto, está abrindo todas as portas para a coerção institucional. Sem mercados livres e liberdade para agir, não pode haver ação empreendedora; sem esta, não há como se falar em preços de mercado; e sem estes, é impossível existir coordenação e cálculo econômico. Foi exatamente o que aconteceu com as sociedades que optaram pelo socialismo e ainda acontece naquelas que, por incrível que pareça, ainda seguem essa opção. Coerção e eficiência econômica – no sentido de coordenação e cálculo econômico – são termos mutuamente excludentes.

A teoria austríaca da função empreendedora de Israel Kirzner pode ser exposta a partir de uma síntese de seus trabalhos, especialmente sua trilogia *Competition and Entrepreneurship, Perception,*

Opportunity and Profit e *Discovery and the Capitalist Process*, publicada pela *The University of Chicago* Press, respectivamente, em 1973, 1979 e 1985, bem como nas publicações subsequentes *Discovery, Capitalism and Distributive Justice* (*Basil Blackewell*, 1989) e *The Meaning of Market Process: Essays in the Development of Modern Austrian Economics* (*Routledge*, 1991). A obra de Kirzner parte de elementos, como não poderia deixar de ser, das contribuições anteriores de Menger, Mises (de quem foi aluno), Hayek, Lachmann e Shackle, e constitui, certamente, uma enorme contribuição para o desenvolvimento dos *insights* austríacos.

O que caracteriza a atividade dos *empreendedores*, isto é, a função empreendedora, é um constante estado de perspicácia (*alertness*), que significa algo mais que uma simples vantagem relativa em termos de conhecimento, tal como a que possui, por exemplo, um especialista em determinado assunto sobre os que não são especialistas. Sob a ótica de Kirzner, o conhecimento empreendedor é um tipo de conhecimento rarefeito, abstrato, aquele tipo de conhecimento necessário para se obter informações ou outros recursos e, uma vez obtidos, de como auferir ganhos. Mercados em desequilíbrio são uma das consequências da ignorância, da insuficiência de conhecimento, mas, por outro lado, o fato de não estarem em equilíbrio proporciona tentativas de descoberta de oportunidades lucrativas.

A Escola Austríaca, contudo, estabelece diferenças entre o *empresário* e o *homem de negócios*, na medida em que distingue entre *empresário* e *empreendedor*. Neste sentido, diversas categorias de pessoas podem ser consideradas como empresários, desde que estejam sempre agindo mediante escolhas, sejam essas pessoas sindicalistas, diretores de "empresas" estatais, herdeiros de empresas que passam o seu tempo sem trabalhar ou envolvidos em "atividades empresariais políticas". Sob o ponto de vista austríaco, o que caracteriza a escolha empreendedora é o subjetivismo, isto é, o fato que as escolhas são feitas, essencialmente, na imaginação. Se o empresário apenas reagisse a fatos objetivos, então ele não seria mais do que um mero "otimizador" de funções matemáticas de lucro que reage sempre a fatos objetivos, tal como os "empresários" dos livros-textos de Microeconomia. Mas, na realidade, ele é mais do que isso, porque diferentes empresários reagem de maneiras diferentes, quando colocados diante do mesmo fato objetivo. Cada indivíduo possui o que Shackle denominou de *orientação* própria, isto é, um esquema particular e subjetivo para explorar o cenário econômico, tal como este se lhe apresenta em determinado momento.

O *empreendedor* é aquele indivíduo que percebe que uma determinada ideia poderá lhe proporcionar ganhos e se empenha para desenvolvê-la na prática. O fato de esse indivíduo ser ou não um empresário (no sentido de ser diretor ou dono de uma empresa), no momento em que nasce sua boa ideia, não é, portanto, relevante para que possamos defini-lo como *empreendedor*.

Um dos aspectos mais importantes do conceito de empreendedorismo de Kirzner é que o empresário é visto não apenas como a mola propulsora de uma economia de mercado, mas, principalmente, como um produto exclusivo da economia de mercado. Em outras palavras, só podem existir empresários de fato onde houver economia de mercado, uma vez que o processo de descoberta que caracteriza os mercados livres, em que os empresários são obrigados a manter-se em permanente estado de sagacidade para que possam saber que necessidades específicas os consumidores possuem, não pode ser substituído pelo planejamento, por computadores, por reuniões da "sociedade civil", por "conselhos sociais" ou por "soluções políticas".

A atividade empreendedora pode ser vista também como um caso geral de arbitragem, em que as oportunidades de lucros surgem quando os preços dos produtos finais não estão ajustados aos preços dos serviços dos fatores de produção: quando isso acontece, alguma coisa está necessariamente sendo vendida a preços diferentes em dois mercados, como resultado de imperfeições na comunicação entre eles. O papel do verdadeiro empresário, então, é o de explorar essa oportunidade e, com isso, realocar recursos, o que tende a eliminar a discrepância de preços. Ao fazer isso – e ser bem-sucedido –, outros empresários terão aumentado seu nível de conhecimento e tenderão a seguir seu exemplo.

Segue-se, então, que a fonte principal do lucro é exatamente a incapacidade de todos os empresários, ao mesmo tempo, anteciparem corretamente o estado futuro do mercado. Como já observara Mises, caso isto fosse possível não haveria nem lucros nem prejuízos. Kirzner considera outra fonte importante de lucros, que é a capacidade de descobrir onde estão as oportunidades. Portanto, a teoria austríaca descarta a visão convencional que o lucro seria simplesmente a recompensa ganha pelo fator capital e um resíduo, já que não existe uma demanda por atividade empreendedora, nos moldes de uma demanda por capital. Por isso, não existe um preço para ela, como há um preço para o capital. É com esses argumentos que os austríacos encaram os lucros sob o ponto de vista ético.

O processo de mercado e o empreendedorismo no contexto da ação humana desencadeiam um processo de cooperação social que, por intermédio dos mecanismos de aquisição e de disseminação de novos conhecimentos, representa o melhor sistema de alocação dos escassos recursos econômicos que se conhece. Tal sistema pode ser equiparado a um universo, onde há ininterruptamente forças em expansão e forças em contração, sendo o conjunto de todas essas forças incontroláveis pelo homem. Em outras palavras, para usarmos uma expressão de Hayek, uma "ordem espontânea" de mercado, fruto da ação humana, mas não do desejo deliberado dos planejadores e que representa a melhor forma de organização econômica.

O empreendedor é fundamental para a geração de riqueza, não apenas para ele, mas para milhões, bilhões de pessoas – especialmente para os consumidores. Não é necessariamente – conforme já escrevi – um simples proprietário de uma empresa (empresário), mas alguém que, muitas vezes sem um centavo no bolso, vislumbrou, antes dos demais, uma oportunidade de produzir algo que iria satisfazer aos consumidores e melhorar sua vida; é alguém que, antecipando essa possibilidade, assumiu riscos às vezes fantásticos, pois, em caso de fracasso, perderia até os sapatos que calça; é alguém que, em inúmeros exemplos, precisou tomar empréstimos para tornar viável o negócio que imaginou; é alguém que criou e, neste sentido, é *cocriador*, o que o aproxima, como homem, da *imago Dei*; é alguém de cujas ideias, projetos e sonhos terminam brotando riqueza e dinheiro, empregos e rendas para os seus semelhantes; é alguém que percebe que uma determinada ideia é boa e trabalha duramente para pô-la em prática, e sabe perfeitamente que, caso seja executada, mas não caia no agrado dos consumidores, naufragará com ela.

O empreendedorismo brota do espírito criativo dos indivíduos, que os leva a assumir riscos para criar mais riqueza, o que o faz depender, para que possa florescer, de quatro atributos: de um governo limitado, do respeito aos direitos de propriedade, de leis boas e estáveis e da economia de mercado. Quanto mais uma sociedade afastar-se desses pressupostos, mais sufocada ficará a atividade de *empreender*, o que terminará por prejudicar toda a sociedade, porque não se conhece até hoje exemplo de desenvolvimento econômico sem a presença de empreendedores.

O *empreendedor*, ao exercer a *função empreendedora*, é o responsável pelo dinamismo e pela coordenação no processo de mercado. Ele procura desajustes ou ausências de coordenação para aproveitar as oportunidades de ganhos que estes lhe proporcionam. Sua própria atividade dá origem a situações diferentes, em que surgem novas oportunidades. Ele se arrisca, apresenta a sua proposta e a submete, então, ao julgamento soberano dos consumidores.

Qualquer pessoa pode ser um empresário, mas apenas algumas pessoas podem ser *empreendedores*, porque os atributos de vontade, perspicácia, inventividade e capacidade decisória em condições de incerteza e de assumir riscos são virtudes que a maioria dos seres humanos não possui. Fulano, por exemplo, pode ser muito inventivo, mas detestar correr riscos; ou Beltrano ter muita vontade, mas não possuir capacidade decisória.

Abrir uma empresa e mantê-la sempre voltada para atender aos interesses dos consumidores é o que garante e justifica moralmente o lucro, porque se trata de uma verdadeira aventura e, em muitos países em que o estado parece fazer de tudo para interpor obstáculos entre os que produzem e os que consomem, é mesmo um ato de heroísmo.

O empreendedor deverá naturalmente ser obrigado a enfrentar os competidores que já estão estabelecidos, a dar respostas positivas para as inovações que surgirem e a lutar contra interesses já estabelecidos e que se sentirão ameaçados, o que os levará, já que sua vontade é que tudo permaneça da maneira como está, a reagir, muitas vezes utilizando recursos não recomendados pela ética, como o de valer-se de proteções de grupos políticos que ocupam o poder. Além disso, precisa fazer com que os trabalhadores que dependem de sua iniciativa se sintam estimulados.

Por tudo isso, contrariamente ao que a maioria das pessoas pensa, qualquer obstáculo à livre iniciativa e ao empreendedorismo é, também, um empecilho ao progresso e ao desenvolvimento da economia e da sociedade. O empreendedorismo é plenamente exercido quando o governo é limitado, quando existe respeito aos direitos de propriedade, quando as leis são boas e estáveis e quando prevalece a economia de mercado. Por isso, uma ordem social que estimule as virtudes do empreendedorismo deve estimular o florescimento desses quatro atributos.

Feita essa pequena digressão introdutória e ilustrativa, passemos ao esboço do livro do Professor Gianturco. Na Introdução ele nos apresenta a figura de Israel Kirzner, sua importância nas pesquisas contemporâneas sobre empreendedorismo e mercados. A isso se segue um capítulo com uma interessante discussão sobre o empreendedorismo em que mostra as diferenças existentes entre *kirznerianos* e *rothbardianos* quanto ao significado e ao papel do empreendedorismo, bem como considerações obre temas bastante relevantes, como os da pesquisa, descoberta, ações ativas e passivas, oportunidades, expectativas, incerteza, tempo, risco e custos de oportunidade.

O capítulo seguinte sintetiza os pontos de vista austríacos sobre a política, começando com algumas críticas comuns dos socialistas à economia de mercado, passando pelas respostas aos que defendem a "justiça redistributiva", pelos problemas da alocação de recursos escassos sob o socialismo vis a vis às economias de mercado; da burocracia, das consequências das chamadas "políticas públicas" e finalizando com uma pergunta bastante interessante sobre a possibilidade de uma Escola Austríaca da Escolha Pública.

No quarto capítulo o Professor Adriano mergulha em questões de ética e cultura, discorrendo sobre a legitimidade da propriedade privada, o conceito *kirzneriano* de *"find-creator-keeper"* (o agente social que descobre as oportunidades), a moralidade dos lucros e criticando a mentalidade antiliberal, eivada pela escuridão da ignorância e da inveja.

Por fim, o professor do IBMEC de Belo Horizonte conclui com uma discussão do que denomina de uma defesa "não defensiva" do liberalismo, sugerindo a mensagem de Kirzner, que o liberalismo é positivo sob o aspecto moral e que devemos refutar a defesa "não defensiva", ou seja, que devemos, de maneira inovadora, procurar defender o liberalismo – e, por conseguinte, o empreendedorismo – a partir de sua forte fundamentação ética.

É com muita satisfação que o Instituto Mises Brasil coloca à disposição do público este importante livro do Professor Adriano Gianturco Gulisano, um acadêmico que vem se dedicando nos últimos anos a estudar com seriedade e profundidade a questão do empreendedorismo, um tema que deveria merecer mais atenção por parte de economistas e cientistas políticos e sociais, inclusive de economistas da Escola Austríaca.

Ubiratan Jorge Iorio

Diretor Acadêmico do IMB e Professor Associado
da Faculdade de Ciências Econômicas da UERJ

CAPÍTULO 1

A FIGURA DE ISRAEL KIRZNER

Israel Kirzner nasceu em Londres, em 13 de fevereiro de 1930. Mais tarde se transferiu para a África do Sul, onde começou seus estudos universitários na Cidade do Cabo, concluindo-os, por fim, no *Brooklyn College*, onde também terminou sua graduação em Artes/BA, no ano de 1954, e um MBA em 1955. Kirzner pretendia inicialmente estudar Negócios e Contabilidade. Como é necessário escolher uma disciplina optativa para completar o currículo, foi à biblioteca e consultou todos os livros de todos os professores da universidade. Ao notar que Ludwig von Mises era o professor que havia publicado mais livros, decidiu seguir o seu curso[1]. Então, fortemente seduzido pelas teorias do austríaco, decidiu fazer um doutorado na *New York University*, e foi sob a coordenação do próprio Mises que o completou em 1954, com a publicação do *The economic point of view*. Hoje, Kirzner é um dos poucos exemplos de estabilidade acadêmica dos Estados Unidos, sendo professor emérito da NYU.

A principal contribuição de Kirzner é seguramente a sua teoria sobre empreendedorismo como *"alertness"* (estado de alerta) às oportunidades de lucro ainda não notadas ou exploradas, fonte também de muitos insights para a teoria do processo de mercado, para a teoria do empreendimento, para o debate sobre a aquisição da propriedade e, logo, para a moralidade do lucro.

Kirzner tenta conjugar Mises e Hayek, desenvolvendo uma teoria que, além de unir as perspectivas de ambos os autores, também contribuiu para o avanço da Escola Austríaca. Como, de fato, nota Binenbaum[2], Kirzner fala de um empreendedorismo *miseano* e de uma aprendizagem *hayekiana*.

Israel Kirzner foi uma das figuras mais importantes do renascimento da Escola Austríaca, nos anos de 1970. Não só por suas contribuições metodológicas e teóricas – acerca de metodologia, teoria do capital, processo de mercado, empreendedorismo, ética, política, políticas públicas (*policy*), teoria do estado, liberalismo e socialismo –, mas também pelos seus esforços organizacionais e por ter promovido conferências, cursos e pela supervisão na publicação de livros[3].

---

1 Entrevista de KIRZNER I. In *Austrian economic newsletter*, Mises Institute, Auburn Alabama, USA, 1992.
2 BINENBAUM E., "Kirzner's core concepts", in MEIJIER G., (ed.), *New perspective in Austrian economics*, London, Routledge, 1995.
3 BOETTKE, 1987; VAUGHN, 1998.

1.2 A importância de Kirzner no debate contemporâneo.

Até mesmo um sociólogo como Richard Swedberg, cujos posicionamentos se distanciam de Kirzner, reconhece sua importância. Swedberg enfatiza que Kirzner já é figura incontornável no debate *mainstream*, sendo citado em toda a literatura científica, como sendo um autor ao qual se deve fazer referência: "Estudos modernos sobre o empreendedorismo invariavelmente dedicam uma seção à teoria de Schumpeter, além de, geralmente, conter discussões acerca das obras de alguns poucos autores, como Israel Kirzner. Edições mais completas incluem breves notas a respeito dos livros dos fundadores da nova Economia Austríaca: Friedrich von Hayek e Ludwig von Mises."[4]. É a mesma percepção de Baron, quando enfatiza que "pertence a Kirzner (depois de Schumpeter) o mérito de ter trazido para o primeiro plano a figura do empreendedor enquanto sustentáculo da atividade econômica"[5]. Tyler Cowen defende que *"Competição e atividade empresarial*, de Israel Kirzner, que delineou uma teoria sistemática do empreendedorismo, é indiscutivelmente um dos mais influentes textos dos últimos trinta anos da Escola Austríaca"[6]. Não se pode certamente convencer a todos, mas as inúmeras menções a ele e à sua obra já são provas inequívocas de sua notoriedade, importância e influência. Kirzner é citado regulamente e quase "obrigatoriamente".

Swedberg continua, e depois de ressaltar a importância do *mundo real* dos negócios com o qual os teóricos teriam muito a aprender,

---

4 SWEDBERG, 2010, pp. 13-14. No original: *"Modern accounts of entrepreneurship usually add a section on Schumpeter's theory; they typically also contain a discussion of the works of a few other individuals, such as Israel Kirzner. More complete versions add something about the works of the two founder of neo-Austrian economics, Friedrich von Hayek and Ludwig von Mises"*.

5 BARON e PASSARELLA, 2011, p. 15.

6 COWEN, 2003, p. 1. No original: *"Israel Kirzner's Competition and Entrepreneurship, which outlined a systematic theory of entrepreneurship, is arguably the most influenial text in the last thirty years of the Austrian school"*.

afirma que "Seria importante trazer à tona as implicações práticas das teorias econômicas acerca do empreendedorismo. A nova Escola Austríaca de empreendedorismo também parece promissora, nesse sentido. Merece ser salientado que uma das teorias mais marcantes do empreendedorismo que emergiu dentro da comunidade de negócios [...] tem suas raízes na obra de Ludwig von Mises, à qual Israel Kirzner veio somar."[7]. Nota-se mais uma vez a importância prática e concreta das questões teóricas de Kirzner, que, dentre os vários autores austríacos, vivos ou não, talvez seja o único que diretamente se aproxima do mais importante pensador da tradição austríaca: Ludwig von Mises.

Cada escola de pensamento, apesar das diversas posições internas entre os diferentes autores, funda-se sempre sobre alguns protagonistas.

No caso da Escola Austríaca, esses personagens-chave são, seguramente, Carl Menger, Ludwig von Mises, Friedrich von Hayek, Murray Rothbard e Israel Kirzner. O inglês é o único entre os vivos que já entrou para a história do pensamento, considerado o maior autor em atividade da escola, tornando-se a ponte entre os clássicos do passado e os possíveis desdobramentos futuros. Neste sentido, Peter Boettke considera Kirzner não só o mais importante, mas o melhor economista da Escola Austríaca moderna[8].

Além disso, se a escola Austríaca divide-se hoje em duas correntes, Kirzner é reconhecido como o líder de uma das duas, aquela hayekiana – hoje, então, hayekiana-kirzneriana – a vertente da

---

7 SWEDBERG, 2010, p. 23. No original: *"one should also try to ferret out the practical implications of the economic theories of entrepreneurship. The neo-Austrian school of entrepreneurship also seems promising in this respect. It deserves to be pointed out that one of the most suggestive theories of entrepreneurship that has emerged within the business community {...} has its roots in Ludwig von Mises's works and what Israel Kirzner has added to this"*.
8 BOETTKE, 1987; VAUGHN, 1998.

George Mason University. O impacto de sua obra é forte e amplo. Ele é seguramente o autor austríaco contemporâneo que mais divulgou essa escola de pensamento no exterior, e também aquele que mais influenciou outras correntes. Sua extensa contribuição ao aprofundamento de muitas questões é considerada imprescindível por muitos outros autores.

Em 2006 foi concedido a Kirzner o *International award for entrepreneurship and small business research*, como "um dos mais contundentes críticos no que diz respeito à preocupação neoclássica com os resultados de equilíbrio"[9], sendo "uma de suas maiores contribuições a de alinhar mais a Escola Austríaca àquelas *mainstream*". Seu trabalho "teve amplas consequências. De fato, ainda que o corpo principal da obra de Kirzner estivesse voltado ao empreendedorismo, ele se aventurou também em numerosos outros campos, tais como a metodologia da economia, o papel do *policymaker*, a justiça econômica e a liberdade". A intervenção de Kirzner é de ruptura, tanto que "muitas das questões que Kirzner levantava sobre metodologia, sobre política pública e sobre justiça estão ausentes no quadro neoclássico. Mas a teoria do empreendedorismo de Kirzner muda o ponto de referência. Assim sendo, não mudam só as respostas mas também as perguntas levantadas. Da perspectiva de Kirzner, as questões de liberdade, da justiça e de uma sociedade correta são cruciais para a compreensão da realidade".

Fica confirmado o que foi dito anteriormente, ou seja, que "Israel Kirzner é o mais importante membro contemporâneo da Escola Austríaca [...]. Tornou-se o líder do que ficou conhecido como "renascimento austríaco" (Gloria-Parlemo 1999)"[10]. "A Escola Austríaca e Israel Kirzner oferecem um ponto de partida para

---

9   DOUAHN, ELIASSON, HENREKSON, 2007, p. 213.
10   Ibidem, pp. 214-215.

analisarmos muitos problemas que não podem ser tratados quando se usa uma caixa de ferramentas neoclássicas"[11]: convencionais e *mainstream*. "Kirzner segue a tradição austríaca no seu ceticismo acerca do envolvimento do governo no mercado, mas a sua defesa da liberdade é ainda mais profunda".[12]

Não obstante, "a contribuição mais importante de Kirzner poderia ser o fato que ele fez com que a Escola Austríaca fosse inteligível aos outros pesquisadores. Alinhando o pensamento austríaco ao neoclassicismo, as questões e os problemas tornaram-se visíveis a um público muito mais amplo". Israel Kirzner "não somente contribuiu com o desenvolvimento das disciplinas econômicas dessas escolas de pensamento, mas influenciou o campo da economia em um sentido mais geral". Entretanto, embora reconhecido e citado, Kirzner não foi capaz de convencer as vertentes *mainstream* das próprias teorias, e suas propostas não foram integradas[13]; mais modestamente, porém, pesquisando e publicando "em uma linguagem com a qual as escolas *mainstream* podem se relacionar, também tornou evidentes importantes falácias da teoria neoclássica".

---

11 Ibidem, p. 216.
12 Ibidem, p. 219.
13 De fato, os autores se perguntam : "o empreendedor de Israel Kirzner foi integrado com sucesso na teoria neoclássica? A resposta é não", DOUAHN, ELIASSON, HENREKSON, 2007, p. 222.

CAPÍTULO 2

EMPREENDEDORISMO. KIRZNERIANOS E ROTHBARDIANOS

2.1. Ação e função do empreendedorismo.

A literatura científica sobre empreendedorismo encontrou força e se multiplicou após as contribuições de Israel Kirzner e, especialmente, a partir da publicação de sua principal obra, *Competition and Entrepreneurship* (*Competição e atividade empresarial*), em 1973, que veio a se tornar um texto de referência – ambos para seguidores e críticos. Nenhum outro autor escapa de citá-lo.

Kirzner coloca no centro do "processo de mercado" o agente -empreendedor, chegando a afirmar que concorrência e empreendedorismo coincidem e não existem um sem o outro. Kirzner obviamente não pode deixar de confrontar a tese de J. Schumpeter, à qual dirige críticas importantes. Kirzner, referindo-se explicitamente às teses de Ludwig von Mises, parte da premissa que o mercado não é um fenômeno estático, onde o empreendedor (inovador) age como se fosse um dado terceiro e exógeno destruindo criativamente uma ordem estabelecida e levando-o ao desequilíbrio. O mercado não é um estado, mas um "processo" de uma realidade dinâmica em constante movimento e nunca em equilíbrio, onde o empreendedor atua como elemento interno e parte integrante do sistema, e não como destruidor de um suposto equilíbrio perfeito precedente, mas como o agente que observa e aproveita as oportunidades ainda não exploradas, coordenando assim os vários planos individuais e desencadeando um mecanismo que *tende* ao equilíbrio. Nesta perspectiva, o empreendedor é o motor do sistema, aquele que de certo modo desde o início torna possível a exploração das oportunidades, a interação, a troca, a coordenação dos planos individuais. Sua ação consiste em estar atento, em ter uma "especial perspicácia"[1] em perceber oportunidades de lucro ainda não aproveitadas e desfrutá-las. Fórmula que Kirzner resume com o termo "estado de alerta" (*alertness*).

Estas considerações levaram a um amplo debate e a reações contrárias. Imediatamente depois de seu lançamento, *Competição e atividade empresarial* recebeu críticas de Murray Rothbard, Henry Hazlitt e Percy Graves, que destacaram seus méritos e deméritos. Este debate continua até hoje e, em linhas gerais, é possível identificar duas vertentes distintas: a *rothbardiana* e a *kirzneriana*. Ambas defendem a afinidade de Mises às próprias posições. As divergências

---

1 HUERTA DE SOTO, 2003, p. 44.

se baseiam sobre alguns pontos centrais e algumas consequências auxiliares, principalmente sobre as questões do empreendedor puro como antítese do empreendedor-capitalista; sobre a importância do "estado de alerta" (*alertness*); sobre a incerteza; quanto à natureza das oportunidades a serem exploradas; sobre o aspecto ativo ou passivo do empreendedor; e sobre o processo de descoberta ou busca.

Antes de tudo é necessário esclarecer uma (talvez simples) questão, que muitas vezes permanece implícita. Falar de empreendedor pode ser por vezes enganador ou pelo menos mais ambíguo do que precisaria ser. A questão diz respeito ao empreendedorismo, à atividade, à função empreendedora que um indivíduo desempenha. De fato, "a economia, falando sobre os empreendedores, não considera os homens, mas uma função específica"[2]. Quando em economia se fala de empreendedores, capitalistas, proprietários, trabalhadores, consumidores, fala-se de "categorias econômicas", "cataláxia"[3]. Klein observa que mesmo Schumpeter, Knight, Mises e Kirzner tratam o empreendedorismo "como uma função, atividade ou processo"[4]. Empreendedora é, portanto, a ação. Mas tem mais: não é só o empreendedorismo que se revela nas ações, mas também as ações revelam seu intrínseco e indissociável aspecto empreendedor: todas as ações são empreendedoras. Todas as ações são empreendedoras enquanto ato de escolha, voltado para o futuro, entre os vários meios considerados disponíveis e sua economia, a fim de seguir as próprias preferências subjetivas e ordinais: "em todos os sistemas econômicos reais vivos, cada agente é sempre um empreendedor"[5]; existe portanto um "aspecto empreendedor nas atividades de cada participante do mercado"[6].

---

2 MISES, 1996, p. 252.
3 Ibidem, p. 251.
4 KLEIN, 2010, p. 96.
5 MISES, 1996, p. 252.
6 KIRZNER, 1973, p. 15.

Neste sentido pode-se ser levado a concluir o assunto sumariamente: se todas as ações são empreendedoras, somos todos empreendedores, logo, ninguém é empreendedor. Mas é claro que as coisas não são assim. As variáveis intervenientes são muito mais numerosas. Se é verdade que, nesse sentido, toda ação é empreendedora, podemos afirmar que toda ação contém o aspecto empreendedor, mas é muito mais complexo tentar investigar se contém só e apenas este aspecto. A ação individual poderia ser, e presumivelmente é, composta também por outros fatores. Essa tentativa teria muitas implicações e consequências. Não se pretende aqui monitorar o estado das ações individuais, mas sim tentar identificar a essência do empreendedorismo, a fim de colocar em evidência sua essência e sua função dentro do sistema econômico.

Além disso, salvo o inicial esclarecimento sobre os diferentes significados entre empreendedor como uma figura e empreendedorismo como função, é melhor presumir que os autores que falaram de "empreendedor" (*entrepreneur*) e/ou "empresário" (*entrepriser*)[7] se referiram ao "empreendedorismo". Como a distinção é extremamente clara, pode-se presumir que estes termos tenham sido apenas taquigramas úteis a fim de simplificar e acelerar a discussão. De fato, na linguagem científica, os dois termos parecem ter dois significados diferentes. O empresário é um homem de negócios, um homem de negócios qualquer, ou seja, um gerente pode também ser considerado um empresário. O empresário não é necessariamente um empreendedor. O empreendedor, contudo, pode não ser empresário, um homem de negócios. Pode de fato não trabalhar em uma empresa e ainda assim atuar como empreendedor. Mesmo na linguagem comum os dois termos parecem fazer referência a

---

7   HUERTA DE SOTO, 2003, p. 4: A literatura científica brasileira não nota esta diferença. Isso é visível desde a tradução de *Human Action* por Donald Stewart Jr.

pessoas diferentes. O empresário é em geral associado a grandes negócios, o empreendedor menos, já que muitas vezes fala-se de "pequeno empreendedor". O uso indiscriminado e confuso das duas palavras não faz justiça científica e, na linguagem comum traz confusão e fortes implicações ético-políticas.

2.2. Empreendedor puro, capitalista e proprietário.

Kirzner afirmou ser capaz de isolar e separar o "empreendedorismo puro"[8] das outras variáveis, indo contra Rothbard e outros autores. Já Clark havia precedentemente feito referência ao "empreendedor puro não-proprietário", mas se tratava de uma conceituação abstrata que dizia respeito apenas a um modelo estático do mercado; então, quando Clark passa a analisar a real economia dinâmica, deixa de usar essa figura abstrata[9]. Muitos, de fato, acreditam que o empreendedor é inseparável do capitalista-dono dos meios de produção.

A principal objeção feita pelos rothbardianos à teoria de Kirzner é aquela que diz respeito ao empreendedor puro e ao empreendedor-capitalista. Kirzner fala muitas vezes de empreendedor puro e empreendedorismo puro, afirmando que o empreendedor pode não possuir nenhum recurso e que, eventualmente, os recursos podem ser fornecidos pelo capitalista proprietário de recursos: "os economistas britânicos, desde Adam Smith, confundiram o capitalista com o empreendedor"[10].

---

8   KIRZNER, 1973, p. 16. No original: *"the british economists, from Adam Smith and onwards, confused the capitalist with the entrepreneur"*.
9   SALERNO, 2008, p. 197.
10   SWEDBERG, 2000, p. 19.

Kirzner argumenta que o empreendedor puro não é dono dos meios de produção, não tem capital, não tem fatores de produção e não tem recursos em geral. Rothbard, Hazlitt, Grave, Hülsmann", Klein, Foss e Salerno argumentam que, na realidade, o empreendedor é sempre, também, capitalista, usando precisamente o termo "empreendedor-capitalista" enquanto proprietário do capital, proprietário de algum recurso econômico. Kirzner especifica de forma explícita e clara que seu empreendedor puro é apenas um "artifício analítico"[11] usado para isolar a variável empreendedora em sentido estrito para estudar sua essência e contribuições. Mas para os autores acima citados, "essas duas funções [a empreendedora e a capitalista] absolutamente não podem ser separadas, nem mesmo em teoria"[12].O empreendedor kirzneriano é apenas um "tipo ideal"[13], um "ser quase etéreo"[14], "imaginado" e "uma construção imaginária", em oposição ao empreendedor do mundo real (*"real-world entrepreneur"*)[15]. Na mesma linha para Klein, o próprio estado de alerta (a essência do empreendedorismo kirzneriano) é uma "metáfora"[16].

Atacando a ideia da possibilidade de isolar o empreendedorismo puro, Salerno investiga em profundidade a questão e cria a figura "praxeologicamente completa ou 'integral' do empreendedor, que integra os papéis praxeologicamente indivisíveis do portador da incerteza, do investidor de capital e do proprietário"[17]. Nesta formulação, Joseph Salerno retoma a opinião de Mises, segundo a qual essa ideia da unidade do empreendedor estava implícita, mas não elaborada explicitamente. É oportuno, neste caso, lembrar outra distinção posta em prática pelo próprio Mises, aquela do "em-

---

11   KIRZNER, 1973, p. 40.
12   SALERNO, 2000, p. 188.
13   KLEIN, 2010, p. 103.
14   ROTHBARD, 1974, p. 903.
15   SALERNO, 2008, p. 190; KIRZNER, 1999, p. 5.
16   KLEIN, 2010, p. 102.
17   SALERNO, 2008, p.194.

preendedor-promotor" (*"entrepreneur-promoter"*): "aqueles que estão particularmente impulsionados pelo lucro, adaptando a produção às mudanças esperadas nas condições [de mercado], aqueles que têm mais iniciativa, maior espírito aventureiro e a vista mais apurada que a da massa, os pioneiros da iniciativa e da promoção das melhorias econômicas"[18].

Então, mais uma vez, o cerne da questão é se é possível não possuir nada. Pode-se não possuir os meios de produção, tais como máquinas e equipamentos; pode-se ser, talvez, desprovido até mesmo de capital monetário, mas é difícil supor que se possa ser desprovido de conhecimento, habilidades, empenho, experiência, ou seja, de algum recurso, que é o que, de certa forma, entende Hülsmann" quando argumenta que "não pode haver tal coisa como uma descoberta – ou melhor: um julgamento – sem se possuir cérebro e aparatos sensoriais"[19]. Claro que isso iria requerer uma investigação muito profunda sobre o significado do termo "capital" e "recursos" (que não é possível discutir aqui), mas é difícil dizer que aqueles acima (e também outros três) não sejam recursos que o indivíduo emprega e gasta na ação empreendedora, bem como, por exemplo, a competência é evidentemente (também) a capitalização da intuição, do conhecimento, do esforço e da experiência: é, no sentido lato, "capital humano"[20].

Portanto, é seguramente verdade que em alguns casos um indivíduo que põe em prática uma ideia empreendedora pode não ter capital monetário, e esse capital pode ser pedido a bancos e *venture capitalists*. Isto levanta questões importantes sobre a dúvida se se trata de empreendedor ou de executivo contratado (*"hired mana-*

---

18   MISES, 1996, pp. 254-5.
19   HULSMANN, 1997, p. 33.
20   HORWITZ, 2002, p.67. PELLICANI, 2004, fala de "capital oculto".

ger"), mas na realidade o verdadeiro âmago está muito mais à raiz: não há razão alguma para focar-se apenas em recursos monetários. Uma abordagem metodológica "essencialista" não pode deixar de notar que entre os recursos monetários, capital e recursos não há diferença alguma. Pode ser válido afirmar que o empreendedor necessita ainda assim de dinheiro e, provavelmente, no momento em que o levanta ele se torne, de certa forma, seu detentor; quando ele faz uso desse dinheiro, demonstra precisar dele: mas parece difícil definir qualquer indivíduo sem nenhum tipo de recurso (*"without any means whatsoever"*)[21]. Qualquer pessoa, na verdade, tem, pelo simples fato de existir, recursos: o recurso da própria vida. E se a vida toda é resolver problemas[22] ou evitá-los[23], isso é definitivamente uma ação. Resolvê-los ou evitá-los são ações, permanecer inerte é uma ação. A ação é inevitável e pode constituir-se como um recurso. Assim, além da intenção acima mencionada – conhecimento, competência, empenho, experiência etc. – a ação, aspecto imprescindível de todo e cada momento da vida humana, é o recurso mais original, íntimo e importante intrínseco a nós, sempre.

Falar de "figuras imaginárias"[24], de "construções instrumentais"[25], é seguramente "uma estratégia, truque e artifício analítico", mas não quer dizer que se trata de um problema. Ainda que cada ser humano atue de forma completamente integrada, todas estas ferramentas de simplificação são úteis para a compreensão da lógica dos processos de mercado e, de fato, como ressalta Kirzner, "não é muito diferente do que se faz quando se trata, por exemplo, das 'decisões do consumidor'"[26]. É óbvio e sabido que nenhum indivíduo nunca

---

21   KIRZNER, 1973, p. 40.
22   POPPER, 1999.
23   GILDER, 1997.
24   MISES, 1996, p.254.
25   KLEIN, 2010, p.103.
26   KIRZNER, 1973, p. 43.

é simplesmente trabalhador, consumidor, empreendedor ou capitalista. Todos estes termos são abstrações úteis e adequadas à análise de uma função particular. O problema então não é tanto o de falar somente do empreendedorismo, separado da função capitalista, mas sim definir corretamente o *status* ontológico desta função. Ao invés de questionar-se sobre a importância fundamental do conhecimento ou da propriedade, voltando logicamente à essência de ação empreendedora, notar-se-ia que o indivíduo traz consigo os recursos indissociáveis de sua própria existência, que é a de *sempre agir*.

2.3. Passividade? Ações (ativas), comportamentos inconscientes, busca e descoberta.

A descoberta empreendedora, para Kirzner, "surge do nada"[27], e o empreendedorismo consiste no estado de alerta: estar alerta, de prontidão para perceber as oportunidades de lucro ainda não exploradas e aproveitá-las. Já nos primeiros textos de Kirzner pode-se perceber que nestas definições está implícita a ideia que o estado de alerta seja algo passivo: "A teoria de Kirzner quase chega a ser um cálculo de funções corporais automáticas, ao invés de um relato de como a mente humana compreende os fenômenos econômicos".[28]. Em 1999, Kirzner confirma explicitamente essa ideia de *alertness* passivo e empreendedor passivo, falando de um "empreendedor como a pessoa que no estado de alerta (mas "passivamente") simplesmente nota as oportunidades"[29]. Continuando, no mesmo artigo encontram-se outras duas afirmações importantes,

---

27 COLOMBATTO, 2001, p. 19.
28 COWEN T., 2003, p.3. No original: *"Kirzner's theory almost appears to be an account of automatic bodily functions, rather than an account of how the human mind relates to economic phenomena".*
29 KIRZNER, 1999, p.7.

quando Kirzner reconhece que "um certo número de escritores, em geral simpáticos à visão miseana do processo competitivo de mercado, não se sente à vontade com minha ênfase no empreendedor que nota "passivamente" (e tira benefícios das) mudanças dos dados, que surgem independentemente"[30], e quando, em antítese às próprias ideias, reconhece como schumpeterianas as características de um empreendedor "ativo" e "agressivo"[31]. O próprio Kirzner cita em nota Graves, Hazlitt, White e High como os críticos dessa perspectiva. Na verdade, Hazlitt sustenta explicitamente: "não é suficiente que o empreendedor esteja "alerta" e que "perceba" uma oportunidade; ele deve fazer algo sobre seu estado de alerta e sua percepção. Sem dúvida Kirzner entende isso, mas não sei se (*manca il se*) sempre o deixa explícito o suficiente"[32].

Clark quer dizer mais ou menos a mesma coisa quando fala de *"enabling act"* e de *"act of will"*[33]. É exatamente este o ponto: serve à ação. O empreendedorismo é um atributo, uma característica da ação. Empreendedorismo por si só não existe, sem ação. Na realidade, existe a ação empreendedora. Não obstante o anseio de Hazlitt, parece improvável que Kirzner quis dizer isso. Na mesma linha, Hülsmann" então critica Holcombe, porque lhe parece que a perspectiva de Holcombe implica "uma visão passiva do homem, e isso contradiz a existência da escolha"[34]. Afirma ainda que a "percepção é sempre uma ação, ou seja, é a manifestação de uma escolha [...]. Os empreendedores devem conscientemente procurá-las [as possibilidades de arbitragem]. Devem agir"[35].

---

30 *Ibidem,* p.9.
31 KIRZNER, 1999, p.12.
32 KIRZNER, 1974, p.759.
33 SALERNO, 2008, p. 1999.
34 HULSMANN, 1999, p.65.
35 HULSMANN, 1997, p.30.

Horwitz argumenta que o "lucro fruto do empreendimento não é apenas resultado da sorte, mas não é também devido a uma escolha deliberada. [...] O "estado de alerta" (*alertness*) situa-se, como afirmou Kirzner, entre a sorte e a busca deliberada"[36]. Isso porém não atribui ao estado de alerta qualquer aspecto de passividade. Na verdade, como relembrado por Hülsmann", "o homem que age escolhe para onde endereça sua percepção, ou a percepção é causada por eventos externos"[37].

Como observa Hazlitt, até mesmo para que se aproveite do acaso, da "sorte", deve-se agir. Por exemplo, considerando o caso de um indivíduo que herda uma quantidade considerável de pedras preciosas de um parente distante que ignorava que existisse. No que consiste o caso? Você é sortudo? O caso consiste apenas no fato do recebimento das pedras preciosas? Ou deve talvez utilizá-las para seu benefício? Mas mesmo antes, a sorte é receber as pedras preciosas, coisas fundamentalmente sem valor de mercado, um objeto, um dado objetivo, ou melhor, talvez, a sorte consista no receber algo que o indivíduo em questão acredita ser relevante? Quem qualifica como "preciosas" determinadas pedras (e não outras)? E essa "crença" não é um ato de vontade, uma ação? Receber ainda que passivamente uma coisa requer que o indivíduo analise e defina esta coisa e então aja para aproveitar a oportunidade. As informações, "de qualquer forma, devem ser interpretadas"[38], o que já constitui uma ação e, depois, como já mencionado por Hazlitt, essa interpretação deve ser explorada; sempre se deve agir.

Mesmo High, quando fala de "procura" como uma importante parte do empreendedorismo[39], refere-se à ideia de um indivíduo

---

36   HORWITZ, 2002, p. 67.
37   HULSMANN, 1999, p.65.
38   LACHMANN, 1951, p. 420.
39   HIGH, 1990, p. 53.

ativo. A procura e a busca, na verdade, têm um valor diferente do encontrar, que é basicamente a atividade do *finder* kirzneriano. A pesquisa pode levar sim à "descoberta" de oportunidades, mas uma descoberta assim feita, nada tem de passiva; pelo contrário.

O binômio descoberta-procura é outro pilar do debate sobre o empreendedorismo. Na realidade, "o estado de alerta (*alertness*) está relacionado com a distinção bem conhecida por Kirzner entre 'procura' e 'descoberta'"[40]. Obviamente, a descoberta pode ser casual, ou pode até se tratar de "*serendipity*"[41]. De fato "a aleatoriedade da descoberta é, para Kirzner, o fator de discriminação da ação empreendedora [...e o empreendedor kirzneriano descobre por acaso]"[42]. Desse modo, Sautet argumenta que "a descoberta e avaliação das condições futuras constituem a função empreendedora na ação humana"[43], e que "por sua própria natureza, os resultados são sem custo; não há qualquer recurso ao qual se renuncie no ato da descoberta"[44]. Horwitz alega que "o empreendedorismo é sem custo. A descoberta autêntica é grátis e os atos individuais de descoberta não podem ser 'produzidos' através de investimento"[45]. Cowen, em contrapartida, sustenta que a "*entrepreneurial discovery can never be said to be 'costless'*[46]. Mas, então, Horwitz afirma que "endereçar a intenção a uma ação requer duas etapas: a intenção e alguma forma de operacionalização daquela intenção. Kirzner insiste que apenas o intuito se qualifica como *empreendedorismo*, pois uma vez que se tem a intenção, o problema de implementá-lo é simplesmente uma questão de maximização dadas as restrições de estrutura de meios e fins revisados (pós intuito)"[47].

---

40   HORWITZ, 2002, p. 68.
41   *Ibidem;* MERTON e FALLOCCO, 2002; COWEN, 2003.
42   BARON e PASSARELLA, 2011.
43   SAUTET, 2008, p. 44.
44   *Ibidem,* p. 45.
45   HORWITZ, 2002, p. 70.
46   COWEN, 2003, p. 8.
47   KIRZNER, 2002, p. 70.

Para desatar este nó, porém, é melhor permanecer mais perto da fonte do problema. Kirzner repete explicitamente que o estado de alerta consiste em perceber as oportunidades e desfrutá-las. Bem, perceber e notar não são uma única ação, mas, como alude também Horwitz, são muito distintas entre si: "transformar uma intuição em ação requer duas etapas: intuição e em seguida alguma forma de operacionalização da intuição"[48]. Que aproveitar, desfrutar as oportunidades, implementar ideias empreendedoras seja algo ativo é extremamente claro. Além disso, como já mencionado, e como observado por Hülsmann", também perceber, avaliar e crer são ações (do intelecto) e, assim, ativas. A questão porém é que o homem já está condenado à ação apenas pelo fato de existir, e a ação é por si mesma ativa. Não existem ações passivas. O nó, talvez, pode ser desatado – ou melhor, problematizado – através da introdução de mais uma distinção, pensando sobre a diferença entre consciência e inconsciência, ciência e não-ciência (não-informação), intencional e não intencional.

Mantendo a distinção entre perceber e aproveitar uma oportunidade, e procurando não cair no psicologismo, pode-se levantar a hipótese que perceber (uma oportunidade) pressupõe ainda um quê de inconsciência e instinto. Provavelmente, também o aproveitar (de uma oportunidade) tem as mesmas características e talvez qualquer tipo de ação, mas parece plausível que a capacidade de perceber apresente essas notas em grau maior. Em uma recente conferência,[49] Kirzner argumentou que não se pode decidir "estar alerta", atento às oportunidades, pois é impossível não estar alerta. Pois quando uma oportunidade se apresenta para nós, não há qualquer decisão anterior no sentido de estar alerta. Talvez, além de ser mais

---

48 *Ivi.*
49 FEE Foundation of Economic Education, agosto 2009.

minimalista e reducionista, o binômio intencional-não intencional poderia se adequar até melhor que o *alertness* kirzneriano, sobretudo na parte acerca da percepção (ao invés de exploração).

Já Mises tratara desse tema destacando a diferença entre ação e comportamento. O que o homem faz inconscientemente, sem nem mesmo notar, não intencionalmente entra na categoria de comportamentos e não de ação. Na realidade, sua própria noção de ação prevê que seja "consciente" e "orientada para um fim"[50]. Na mesma linha, Hülsmann" afirma que "a ação é um comportamento consciente".

Finalmente, é interessante destacar dois outros aspectos. Duas vezes Kirzner escreve "alerta (mas passivamente)", "passivo, mas alerta"[51], e aquele "mas", erro de digitação ou não, uma vez mais refere-se à diferença entre estar alerta e estar passivo. Desta forma, o autor salienta ainda, de modo forte e dissociado do seu *alertness*, que o empreendedor é "puramente passivo e [...] sujeito às condições estáticas"[52]; mas ao mesmo tempo coloca o *alertness* em contraposição à passividade. No mesmo artigo de 1999, Kirzner argumenta que quando passa a uma consideração de multiperíodo, "a relevância das características ativas e agressivas do empreendedor de Schumpeter tornam-se compreensíveis e importantes"[53]; ativas de fato. O problema é que, como será visto, o *período-único* não existe.

---

50   MISES, 1996, p. 11.
51   KIRZNER, 1999, p. 7 e 13.
52   SALERNO, 2008, p. 198.
53   KIRZNER, 1999, p. 12.

2.4. Oportunidades, expectativas e incertezas.

Trata-se então de perceber, através de uma atenção consciente, as oportunidades de lucro. Sobre o que são no entanto essas oportunidades não existe um acordo. A corrente kirzneriana as considera como oportunidades já existentes, objetivas e independentes do indivíduo; a rothbardiana as considera oportunidades futuras, que existirão, que podem vir a existir, que o indivíduo crê e imagina que possam existir e, portanto, subjetivas. Kirzner acredita que o empreendedor "responde"[54] às mudanças nos dados, note e explore "oportunidades já existentes que estão à espera de serem descobertas", dizendo: "Eu vejo o empreendedor não como uma fonte de ideias inovadoras *ex nihilo*, mas como um ser alerta às oportunidades que já existem e que estão à espera de serem notadas"[55].

Efetivamente, como já se pôde entender, parece mais plausível uma concepção subjetivista das oportunidades: é a percepção individual que interpreta e define algo como uma oportunidade. Nesse sentido é difícil poder falar de oportunidades já existentes. Zanotti, de fato, afirma que "quem está alerta (*alertness*) prevê oportunidades que outros não preveem. Isso não é um conhecimento sobre o passado, mas sim toda uma capacidade apurada para conjecturar valorizações futuras no mercado"[56]. A questão parece se resolver em sua essência, visto que as oportunidades podem ser definidas como tais só depois de terem sido exploradas: "pode-se observar apenas as oportunidades que foram realizadas concretamente"[57]. Como demonstra também White, ao observar que "claramente não se pode

---

54 *Ibidem*, p. 16.
55 KIRZNER, 1973, p. 74.
56 ZANOTTI, 2004, p. 82. No original: *"quien tiene "alertness" empresarial, advierte oportunidades que otros no. No es tampoco un conocimiento sobre el pasado, sino sobre todo una capacidad de conjeturar sobre las valoraciones futuras en el mercado"*.
57 HULSMANN, 1999, p. 64.

dizer que existam novas oportunidades até que tenham sido pensadas ou 'notadas', por um empreendedor que quer 'romper com a rotina'"[58]. White lembra como também J.W.N. Watkins fala de "uma hipótese que geralmente pode ser comprovada só depois que a inovação for feita"[59]. Semelhantemente, Klein defende que as oportunidades não são objetivas, e que "não existem até que os lucros não tenham sido realizados"[60].

Hülsmann" chama a perspectiva de Kirzner de "*attraction theory*", evidenciando que desse modo seriam os objetos, os dados, as oportunidades a atrair e causar a ação do indivíduo, fazendo até mesmo com que o sujeito se torne passivo e o objeto ativo: "a concepção de Kirzner implica que nós (ou alguns de nós) temos informações sobre um objeto, pois o objeto por si mesmo as coloca de alguma forma em nossa consciência. Nós somos passivos e o objeto é ativo"[61].

Klein diz que as oportunidades não são nem causa nem consequência, não sendo nem descobertas, nem criadas, afirmando ainda que a criação e a descoberta são "conceitos puramente metafóricos", mas imaginados[62]. O mesmo termo (em contraposição àquele de descoberta) é também utilizado por White. Nesta perspectiva, não se trata de "visão"[63] das oportunidades presentes, mas de "intuição"[64] daquelas futuras. Trata-se de "expectativas"[65]; de "antecipações"[66]; de "estimativas"[67]; de "*foresight*", como diz

---

58   ZANOTTI, 2004, p. 94.
59   WHITE, 1976, p. 95.
60   KLEIN, 2010, p. 104.
61   HULSMANN, 1997, p. 30.
62   KLEIN, 2010, p. 104
63   WHITE, 1976, p. 93.
64   *Ivi;* ROTHBARD, 2001, p. 464.
65   WHITE, 1976, p. 93; KLEIN, 2010, p. 141.HIGH, 1990, p. 56.
66   KLEIN, 2010, p. 108.
67   HULSMANN, 1997, p. 46.

White com as "palavras de Lachmann [*si trata de*] '*working hypothesis*'"[68]. Kirzner, Hülsmann", Sautet, High e Klein usam igualmente o termo "*judgment*", mas provavelmente com significados diferentes. O primeiro interpreta como um juízo sobre o presente, sobre a "oportunidade de lucro que existe"[69]; Hülsmann" e Sautet têm em mente um "juízo sobre o futuro"[70]. High liga o juízo principalmente à incerteza e em seguida afirma explicitamente que "os homens baseiam seus julgamentos sobre eventos futuros"[71]; igualmente, Klein associa este conceito à "gama de possíveis consequências futuras" e em seguida afirma que "o julgamento refere-se à criação de novas oportunidades"[72]. Em suma, "as expectativas empreendedoras são crenças sobre os futuros dados relevantes do mercado"[73], um futuro no qual "o empreendedorismo tem a ver com a [sua] inevitável incerteza"[74] e, nesse sentido, "as expectativas sobre o futuro são inerentemente subjetivas"[75].

Precisamente, a incerteza é outro ponto importantíssimo de desacordo. Para ambas as visões, esta é uma condição inevitável da vida humana, mas Kirzner acredita que pode intencionalmente mantê-la fora do estudo, isolando o empreendedorismo em uma análise estática.

Em 1981, Kirzner afirma: "deliberadamente ampliei minhas precedentes análises do empreendedorismo do período simples (no qual a incerteza pode, em certo sentido, ser ignorada) para o caso de multiperíodo (no qual a dimensão da incerteza é garantida)". Mais

---

68 LACHMANN, 1976, p. 91.
69 KIRZNER, 1973, 86.
70 HULSMANN, 1997, p. 36; HULSMANN, 1999, p. 64; SAUTET, 2008, p. 32.
71 HIGH, 1990, p. 56.
72 KLEIN, 2010, p.70
73 WHITE, 1976, p. 91.
74 ROTHBARD, 2001, p. 498.
75 KLEIN, 2010, p. 103.

tarde, em 1999 diz: "A minha obra de 1973 encontrou um artifício para focar nisso, na característica essencial do empreendedorismo, através do estratagema de abstrair de todos os outros aspectos do exercício do mundo-real o empreendedorismo. [...] Um mundo de monoperíodo sem produção e sem incerteza"[76]. A incerteza é então mantida fora da análise, usando o método do período-único. O problema é que ele é inalcançável.

A questão da incerteza é de fundamental importância, pois, como observado por White, "a incerteza pervasiva enfrentada pelo empreendedor, enfatizada por Mises mas deliberadamente minimizada por Kirzner, sugere a especulação ou a imaginação mais do que o 'estado de alerta' (*alertness*) como características do empreendedorismo"[77]. No fundo, Kirzner reconhece a mesma coisa quando diz que "a explícita introdução da incerteza em minha retratação do contexto empreendedor certamente enriquece e melhora a mesma (a) aproximando-a ao contexto do mundo-real"[78]. E quando em seguida afirma que "o 'estado de alerta' (*alertness*) empreendedor, neste mundo essencialmente incerto, indefinido, de multiperíodo, deve inevitavelmente se expressar nas qualidades como audácia, autoconfiança, criatividade e habilidade de inovar"[79]. Além disso, trata-se mais uma vez de características que ilustram muito bem o caráter intrinsecamente ativo da ação.

Sempre sobre o conceito de incerteza, Klein chega a fundar uma abordagem própria do empreendedorismo como a tomada crítica de decisões em condições de incerteza. Onde *"o julgamento refere-se em primeiro lugar para os negócios quando a série de possíveis resulta-*

---

76   KIRZNER, 1999, p. 11.
77   WHITE, 1976, p. 88.
78   KIRZNER, 1999, p. 12.
79   *Ivi.*

dos futuros, deixando de lado a probabilidade de resultados individuais, é geralmente desconhecida (nas palavras de Knight, incerteza, mais que um mero risco probabilístico)"[80].

Em suma, mais uma vez a incerteza, o futuro e o juízo estão no centro da questão.

2.5. Tempo, arbitragem, risco e custo/oportunidade.

Em Kirzner, a incerteza está ligada a dois outros conceitos: tempo e arbitragem. Como já foi dito, para ele, a incerteza torna-se significativa no multiperíodo; no período-único, por sua vez, não é. Nesta perspectiva, o melhor exemplo de empreendedorismo puro seria a arbitragem. Como observa White, Kirzner "jamais faz distinção entre o empreendedorismo e arbitragem"[81], pois para ele as duas coisas coincidem.

Na ótica kirzneriana, a arbitragem não necessita de nenhum recurso e consiste em nada mais do que perceber uma oportunidade de lucro (neste caso, a diferença de preços) e aproveitá-la, comprando e vendendo ao mesmo tempo. A arbitragem, portanto, é a atividade mais propriamente empreendedora e ao mesmo tempo o seu núcleo central. Em uma situação na qual um indivíduo não possui recursos monetários, pode perceber uma oportunidade de ganho inexplorada, pode adquirir e revender ao mesmo tempo. O dinheiro para realizar essa atividade pode ser conseguido através de outras pessoas. Salerno afirma que neste caso não se trata de empreendedor

---

80   KLEIN, 2010, p. 97.
81   WHITE, 1976, p. 91.

puro, mas de "*hired manager*"[82], contratado por um capitalista. Esta ideia kirzneriana de arbitragem que se desenvolve toda, única e exclusivamente, no presente, constituindo-se como percepção de uma discrepância de preços e portanto a descoberta de uma oportunidade de lucro, claramente não pode implicar qualquer risco. Ainda assim "no mundo real, certamente, nada é absolutamente certo"[83], ainda mais no futuro, aquele que na realidade é sempre o tempo de cada ação, incluindo a arbitragem. O problema é que, como ensinado pelo subjetivismo radical de Lachmann (relativo ao futuro), o período-único não existe: "as condições da ação não são imutáveis. Pelo contrário, mudam a cada dia"[84]. A vida humana é uma sucessão repentina de inúmeros instantes muito diferentes uns dos outros. O estudo do passado não pode nos dar nenhuma certeza que o próximo instante será parecido com o que acabou de passar. Portanto, mesmo a arbitragem ocorre em diferentes instantes. É emblemático o trabalho de Hebert e Link, no qual os autores, apesar de falar de pureza, reconhecem que até mesmo a arbitragem pura inclui riscos, pois as transações não são instantâneas e algo nesse meio tempo poderia acontecer[85], mas em seguida se desmentem afirmando que a arbitragem diz respeito ao presente[86]. Por sua vez, Rothbard chega a falar de um "componente empreendedor (ou de 'risco')" quase como se risco e empreendedorismo fossem sinônimos; e em seguida liga o risco à incerteza, chamando-o de "grau de incerteza"[87].

A partir dessas premissas se quer chegar à questão do **risco**. Isso, na verdade, é outro conceito em que as duas correntes assu-

---

82 SALERNO, 2008, p. 190; HAZLITT, 1974, p. 759.
83 ROTHBARD, 2001, p. 497.
84 HULSMANN, 1997, p. 36.
85 HEBERT e LINK, 1982, pp.18-19
86 *Ibidem*, p. 97.
87 ROTHBARD, 2001, p. 497.

mem (implicitamente) posições diferentes. No entanto, esses autores tiveram percursos diferentes. Se o empreendedor é também capitalista (possui capital), isso implica que ao concretizar a atividade empreendedora arriscará a perda desse capital. Se porém o empreendedor pode não possuí-lo e não investir nada, implica que o risco não existe e como alega Horwitz – que afirma ter uma "abordagem kirzneriana"[88] –, "Kirzner diz que o 'estado de alerta' (*alertness*) é uma propensão psicológica, e não um "recurso", que se possa possuir"[89], e que "absolutamente nenhum investimento é necessário"[90], enquanto Rothbard argumenta que "todos os empreendedores investem"[91]. Hebert e Link, no entanto, admitem que há sempre pelo menos um custo/oportunidade: "até mesmo o empreendedor sem dinheiro tem perdas potenciais na medida em que enfrenta o custo de oportunidade do seu tempo e talento"[92]. Salerno também reconhece que "existe um certo esforço mínimo de energia mental e até mesmo física consumida no escolher atentamente e supervisionar continuamente projetos de investimento [...]. Isto acarreta um custo de oportunidade"[93]. O próprio Kirzner aproxima-se desta ideia quando admite que "certamente, muitas das oportunidades de lucro empreendedor até agora não descobertas podem incluir processos que requerem tempo"; e ainda: "quase todos os processos de produção exigem mais ou menos tempo"[94]. O autor, no entanto, diz que "muitas" oportunidades, não "todas", "podem" levar tempo, e não "exigir"; "quase todos" os processos e não "todos". Mesmo R. Douahn, G. Eliasson e M. Henrekson, de fato, revelam que "o que Israel Kirzner diz é que, em determinadas

---

88   HORWITZ, 2002, p. 67.
89   *Ibidem*, p. 68.
90   KIRZNER, 1973, p. 48.
91   ROTHBARD, 2001, p. 466.
92   HEBERT e LINK, 1982, p. 20.
93   SALERNO, 2008, p. 201.
94   KIRZNER, 1973, pp. 48-49.

circunstâncias, tais como a liberdade de entrada, o empreendedorismo pode ser exercido sem qualquer custo. Isso decorre da visão de Israel Kirzner segundo a qual o empreendedorismo não é um recurso; portanto não há custo-oportunidade associado ao "uso" do empreendedorismo"[95].

O cerne da questão é exatamente este: recurso ou não, investimento ou não, mantendo-se mais à raiz, há sempre uma relação custo/oportunidade de estar alerta (mesmo que não intencionalmente) e no agir empreendedor, que consiste (pelo menos) no tempo empregado e no custo/oportunidade próprio de qualquer ação.

2.6. Conclusões.

A contribuição de Kirzner ao tema do empreendedorismo é relevante, mas mesmo seus críticos têm contribuído para aprofundar e melhorar a teoria. Kirzner não só "popularizou a noção de empreendedorismo"[96], como também contribuiu para dar centralidade à função do empreendedorismo, à tentativa de analisa-lo, e inseri-lo no debate da economia *mainstream*, com o fito de derrubar alguns dos mitos recorrentes e ser ainda hoje referência no assunto. A subdivisão atual da Escola Austríaca é geralmente traçada entre hayekianos e rothbardianos, com ambas as vertentes que tentam puxar Ludwig von Mises para seu próprio lado. A distinção feita aqui é grosseira, mas razoavelmente intuitiva. Além disso, a referência a rothbardianos é não tanto no sentido que as teses dessa vertente tenham sido propostas por Rothbard, ou que os autores em questão sigam Rothbard sobre este tópico, mas sim que os autores em questão geralmente se ba-

---

95 DOUAHN, ELIASSON, HENREKSON, 2007, p. 218.
96 KLEIN, 2010, p. 94

seiam fortemente em Rothbard, no que toca a todos os outros temas de debate. Falou-se então de kirznerianos porque certamente Kirzner é o principal autor de referência, no qual de fato se embasam muitos estudiosos do assunto. Também sobre este tema, ambas as vertentes reivindicam o legado de Mises. Finalmente, Lawrence White, embora geralmente situado entre os hayekianos (kirznerianos?), neste caso atua quase como uma ponte, propondo críticas na mesma linha dos autores rothbardianos.

Tentou-se esclarecer alguns pontos: as ciências do "homem que vive em sociedade"[97], na linha de Mises, ocupam-se da ação humana consciente (e não dos comportamentos inconscientes). A ação como tal, qualquer ação, é sempre ativa; a ação empreendedora, portanto, poderia dar êxito à imaginação, à descoberta precedida por uma busca, mas não à descoberta totalmente acidental passiva. Utilizar o termo "descoberta" é perigoso, uma vez que tem dois significados muito diferentes entre si. Além disso, o sentido de descoberta passiva deve ser rejeitado porque é epistemologicamente infundado. Mesmo o termo "criação" poderia ser equivocado, porque pode ser que na verdade nada se crie e nada se destrua, mas sim que se reúna, conecte e interpretem-se as variáveis: trata-se, em suma, de um termo multivalente que deveria ser bem discutido mais profundamente.

Por sua vez, que a ação empreendedora consista em imaginar as futuras condições do mercado parece uma ideia já mais dificilmente refutável, por ser mais reducionista. O termo "juízo" parece evocar o mesmo conceito, mas também carrega tantos outros significados de sabor ético, próximos ao juízo de valor. O termo "antecipar" parece ser usado com o mesmo significado de imaginar, mas também

---

97   LEONI, 1952, p. 350.

pode ser entendido como antecipar condições futuras e realizá-las agora, no presente, coisa que deveria ser (dificilmente) demonstrada. "Imaginação" e "intuição" continuam as melhores definições.

Dito isto, no entanto, o ponto é que meramente afirmar, imaginar, descobrir uma oportunidade de lucro não é suficiente para qualificar algo como tal: deve-se aproveitá-la e explorá-la. E então, apenas no momento em que a oportunidade é concretamente realizada e vê a luz, aí se pode definir como tal, exatamente quanto ao que diz respeito à teoria do valor subjetivo. Caso contrário, incorrerse-ia na presunção fatal de definir as oportunidades com critérios totalmente discricionários e arbitrários aplicados aos fatos, eventos e objetos de análise de um observador externo. Neste sentido, parece epistemologicamente infundada a ideia (geralmente implícita) que as oportunidades sejam entidades objetivas que existem antes e independentemente do indivíduo (que as qualifica como tais e que as aproveita). O que permanece na superfície é a distinção ontológica entre "mudança" e "oportunidade". A mudança das variáveis de mercado, dos fatores tecnológicos, das preferências, dos fatores demográficos etc. poderia talvez ser qualificada como "objetiva" com mais facilidade, embora continue a ser uma questão complexa que não pode ser aprofundada aqui. Não é dito, porém, que à cada mudança corresponda uma oportunidade de lucro; se uma relação (de causalidade ou de correlação) existe, deve ser demonstrada. Para Di Lorenzo, por exemplo, "a função do empreendedor é reagir à (e criar) a mudança no mercado".[98]. Um objeto qualquer de análise é definido como oportunidade de lucro por qualquer pessoa, e esse indivíduo pode ser o autor econômico diretamente interessado ou um observador externo; nada atribui mais validade ao rótulo im-

---

98 DI LORENZO, 1987, p. 65. No original: *"the function of the entrepreneur is to react to (and create) change in the market".*

putado pelo observador externo com respeito àquele do interessado direto e nem, muito menos, lhe confere qualquer característica científica supostamente superior. As oportunidades são sempre subjetivas por si mesmas, mas novamente, o cerne da questão é outro: um determinado objeto de análise torna-se uma oportunidade no momento exato em que é aproveitada e desfrutada, e isso não se pode estabelecer *ex ante*. Caso contrário, qualquer coisa poderia ser definida como uma oportunidade de lucro, mesmo que nunca fosse ser explorada de fato.

O agente social não pode descobrir e nem mesmo criar oportunidades: imagina-as e depois as explora, reunindo diversos planos individuais. Neste exato momento ele cria alguma coisa, mas não a oportunidade, e sim o próprio fato de reunir diferentes planos de diferentes sujeitos coordenando-os uns com os outros – e este fato, por si só, cria um valor agregado.

Hazlitt e White acreditam (o primeiro como crítica, o segundo como mérito) que Kirzner trate implicitamente apenas do empreendedor de sucesso: "Como visão *ex post* do empreendedor de sucesso, o argumento de Kirzner é louvável"[99]. Não é assim, infelizmente. Kirzner define como *momento empreendedor* aquele no qual se percebe uma oportunidade de lucro, em que se abre o campo para potenciais empreendedores que enxergam uma oportunidade, mas não conseguem aproveitá-la e explorá-la. Mais uma vez, no entanto, assim como na teoria do valor subjetivo, bem como às considerações sobre as oportunidades, parece difícil falar de ação empreendedora quando falta a concreta realização da oportunidade de lucro. Talvez esta interpretação seja dada a Kirzner porque ele argumenta que o empreendedor não precisa de nenhum recurso,

---

99   WHITE, 1976, p. 91

não realiza qualquer investimento e não arrisca nada, mas já se viu como isso não parece se encaixar na realidade: o empreendedorismo inclui pelo menos o custo/oportunidade do tempo empregado, não só na realidade dos fatos de uma ação (ativa), como também no período hipotético da irrealidade de um comportamento não-ciente/ não-informado (e mesmo passivo).

Sempre o termo "tempo" refere-se a duas outras questões tratadas aqui: a primeira o considera como um recurso a ser utilizado, os recursos e o capital; e a segunda se atém à variável dinâmica do tempo que em uma análise realista da economia elimina todas as abstrações irreais e as modelizações estáticas.

O ponto no qual se concentra a maior intensidade do debate é em torno da figura do empreendedor puro e do empreendedor-capitalista, isto é, na posse ou não de capital. Kirzner argumenta que o empreendedor pode até não possuir qualquer capital. Seus críticos negam essa possibilidade. O conceito de capital, no entanto, não parece ser de grande ajuda, nem parece ser o ponto central da questão. Por capital entende-se, em sentido estrito, o critério contábil que é usado para calcular lucros e perdas; pode-se entender a posse de capital monetário, de meios de produção etc.; ou, num sentido mais amplo, podemos entender o chamado capital social – também chamado 'capital humano' –, que consiste na capitalização da própria competência, do próprio conhecimento, da própria experiência etc. Porém, talvez seja mais apropriado falar acerca de "recursos". Se o empreendedor também é capitalista em todos os casos, ou não; se utiliza sempre capital ou não, este não parece ser o ponto central, dado que com certeza ele emprega recursos, lidando com o custo oportunidade do tempo gasto.

É difícil sustentar a hipótese que o empreendedorismo não se desenvolve ao longo do tempo, não o inclui, e que o empreendedor não emprega tempo para realizar sua ação. O capital poderia também ser entendido como um subconjunto dos recursos; o tempo poderia até não ser entendido propriamente como capital, mas ainda assim seria um recurso. Empreendedorismo é ação (ativa), enquanto tal tem um custo/oportunidade, pelo menos o recurso do tempo, o que é coerente com o aspecto intertemporal da ação humana. A inevitabilidade da relação custo/oportunidade de cada ação traz consigo também a inevitabilidade do risco. Qualquer ação humana envolve risco, ao menos o custo/oportunidade. O risco também é condição inevitável da vida (e ação) humana.

A segunda questão é relativa ao considerar o tempo como variável por necessidade sempre natural, fator constituinte inalienável do sistema econômico. Argumentar que a arbitragem tem lugar no presente é inexato. Ainda que se possam tratar de dois instantes extremamente próximos um do outro, os atos de compra e venda, em qualquer caso, constituem duas ações distintas. Cada instante é diferente do anterior. Defender modelos estáticos de análise de um período-único é irrealista. Onde estes forem um estratagema analítico útil à compreensão lógica e à tendência da realidade sempre dinâmica, será preciso especificá-lo explicitamente, sempre.

As acusações de ter uma perspectiva "não-austríaca" e uma "visão neoclássica do empreendedorismo"[100], feitas a Kirzner pela vertente rothbardiana, tiram força desses pontos. O que leva alguns autores a tecerem tais considerações é um certo jeito de proceder de Kirzner, quando ele constrói e hipotetiza imagens irreais, ainda que manobras analíticas; quando faz uso dos conceitos de "artifício" e "estratagema", de "imaginar", de "poderia", de "pureza". Sempre a propósito do classicismo, Kirzner também fala

---

100 ROTHBARD, 1974, p. 903.

de *"maladjustment"*[101], mas sobre esses pontos não recebe qualquer crítica, visto que o mesmo termo também é utilizado por Rothbard[102].

Chega-se a essas conclusões porque as oportunidades de lucro são tratadas como objetivas e já existentes, o que leva a uma conclusão perigosa. Dizer que as oportunidades de lucro existem "antes" mesmo de serem exploradas pode abrir caminho para a ideia de má alocação, que por sua vez é epistemologicamente difícil de definir. Mais uma vez se volta à questão do surgimento concreto das oportunidades e como estas vem a ser definidas como tais. É difícil definir que em uma determinada situação de mercado exista má alocação: *Misallocation* comparado com o quê? Inevitavelmente temos de raciocinar em relação a uma situação ideal, inexistente e imaginada a partir da opinião de um observador externo com os critérios inevitavelmente parciais, discricionários e totalmente arbitrários.

Apesar de Kirzner começar com o propósito de analisar a característica empreendedora da ação, afirmando que "o papel do empreendedorismo no mercado pode ser melhor compreendido por analogia com o que rotulei como o elemento empreendedor na ação humana individual"[103], em seguida, mais do que lidar com a essência do empreendedorismo, acaba concentrando-se na análise do seu papel no sistema econômico. Na verdade, Klein também reconhece como Kirzner estuda a função empreendedora mais do que a ontologia da sua ação: "o objetivo de Kirzner não é caracterizar empreendedorismo por si só, mas explicar as tendências dos mercados"[104].

---

101 KIRZNER, 1973, p. 86.
102 ROTHBARD, 2001, p. 468.
103 KIRZNER, 1973, p. 31.
104 KLEIN , 2010, p. 102.

Kirzner estuda o processo de mercado; em contraste com a economia *mainstream* clássica, detecta seu caráter intrinsecamente dinâmico e, em oposição à Schumpeter, acredita ter descoberto que o empreendedor não cria desequilíbrios, mas que leva a um tendencial, embora nunca alcançável, estado de equilíbrio. Ele então se atém ao papel, à função do empreendedor no processo de mercado, mais que ao fundamento ontológico e epistemológico da ação empreendedora em si. Entretanto, tentar acabar antes com qualquer dúvida sobre a essência ontológica da ação (empreendedora) parece contribuir para melhor definir quais são as consequências e implicações dessa atividade-função em si, para então talvez ser capaz de aprofundar mais questões, aqui não aprofundadas, tais como o conhecimento e que tipo de conhecimento caracteriza o empreendedorismo; a tendência de equilibro ou não do empreendedorismo; *serendipity*, a sorte, a fortuna, a aposta da ação empreendedora; logo, a sua remuneração e as variáveis políticas que a restringem e desviam.

CAPÍTULO 3

POLÍTICA

3.1 Críticas socialistas ao mercado.

Abordando temas de teor mais estritamente político-institucional, Israel Kirzner estuda a literatura científica crítica ao liberalismo, fazendo um "elenco sem dúvida incompleto"[1] daquilo de que vários autores acusam o livre mercado: a responsabilidade "pelo aspecto materialista da sociedade moderna", de "promover e permitir o egoísmo e a ganância", "comportamentos fraudulentos" e "degradar o gosto do público" através de uma publicidade que leva a demandar "produtos e serviços que são realmente prejudiciais e degenerativos". Este

---

1   KIRZNER, 1974, afirma: "Não há dúvida de que esta lista é incompleta".

sistema é culpado pela "destruição do meio ambiente", pela "destruição da autoestima de seus trabalhadores, por uma profunda alienação geral, diminuição e desespero na sociedade, assim como por difundir insegurança e ansiedade".

A desigualdade é vista como a essência da "fundamental injustiça" criada pelo mercado, "denunciada como o mal em si mesmo e socialmente nociva", "expressão de opressão econômica e exploração". Kirzner responde e, referindo-se a Nielsen, afirma que "mesmo se nenhum indivíduo no sistema tivesse procurado agir injustamente, a inevitável desigualdade de renda em uma sociedade de mercado é, nesses ataques, denunciada como uma monstruosidade não ética em si mesma"[2]. Um sistema "tornado responsável pelo racismo, sexismo e imperialismo", que produz "produtos de má qualidade, perigosos, para o lucro dos homens de negócio ao invés de ser para os consumidores", visto como gerador de superprodução e de cataclismáticos e irritantes anúncios publicitários, desemprego e crises monetárias. Visto como subversivo às ações da democracia política. Acusado pela corrupção do estado e pela concentração de perigosos centros de poderes econômicos nas grandes empresas[3]. Não é pouco. O liberalismo é atacado "cada vez que se apropria privadamente de um determinado recurso da natureza". Esta apropriação é vista como posse privada de algo naturalmente pertencente a toda a humanidade"[4].

De fato, "é porque se considera que o capitalismo, no mínimo, permite um certo grau de injustiça, que muitos dos seus defensores se sentem forçados a construir sua defesa repletos de justificativas constrangidas: é verdade, concedem, que a explora-

---

2   KIRZNER, 1990, p. 2.
3   KIRZNER, 1974.
4   KIRZNER, 1990, p. 2

ção e as injustiças são galopantes sob o capitalismo, mas, afinal de contas, o sistema promove prosperidade e liberdades individuais, e assim em diante".[5]

No entanto, a crítica mais generalizada e talvez a mais forte é aquela sobre o lucro puro e as suas consequências. De fato, "até aqueles prontos a reconhecer a aceitabilidade ética da propriedade privada, até aqueles que não reconhecem graves imperativos éticos que prescrevem a igualdade de renda, são muitas vezes profundamente incomodados pela aparente consequência do lucro do empreendedor". Tais lucros são vistos, certamente, como não ganhados e não merecidos, "e então devem, de qualquer modo, ser injustamente vencidos à custa de algum outro participante do mercado"[6]. E é precisamente neste ponto que Kirzner procura elaborar sua defesa.

Continuando, Kirzner expõe ainda mais detalhadamente quais são, segundo ele, os erros de interpretação e as "falácias".

> 1.   "O ganho de uma pessoa deve implicar na perda de outra [...] Isso inclui uma taxa de exploração dos vendedores para com os compradores (como no caso do mercado de trabalho) e a exploração dos compradores para com os vendedores (como no caso das relações com o proprietário). Este erro é responsável pela perene disposição da crítica ao capitalismo, com a de proibir trocas, nas quais se percebe que uma das partes aufere vantagens excessivas. O erro é, assim, um dos fundamentos da condenação do lucro em geral, logo de todo sistema de mercado"[7].

---

5   *Ivi.*
6   *Ivi.*
7   KIRZNER, 1974, p. 5.

2.   *"Culpar o garçom pela obesidade"*. É a acusação feita ao liberalismo segundo a qual se acredita que é o produtor, o empresário, o capitalista que determinam as escolhas dos consumidores, e que estes gostos induzidos ou completamente determinados são contraproducentes para o próprio consumidor, que não é educado ao ponto de escolher livre e consciente. "Na forma mais ingênua desse erro, o sistema de mercado é condenado pela sua eficiência e abundância com que administra os gostos dos consumidores que os críticos não compartilham [ ]. Para um nível de discussão menos ingênuo, a acusação de 'culpar o garçom pela obesidade' torna-se um ataque aos esforços da publicidade e de vendas em geral"[8].

3.   *"Reclamar dos custos (ou negar a escassez)"*. Kirzner fica surpreso quando nota que uma das críticas se dirige para "os custos inevitáveis associados com a obtenção dos objetivos desejados", ou seja, que para obter alguma coisa deve-se sempre renunciar a outra. O crítico do liberalismo "simplesmente recusa a reconhecer que a eficiência na obtenção dos objetivos mais valiosos possa precisar da renúncia deliberada de objetivos igualmente importantes, que venham a ser considerados menos urgentes [...]. Alguns aspectos do que os críticos rejeitam como a alienação do trabalhador, a ansiedade e a insegurança sentida pelos participantes do mercado seriam certamente apreciados de forma muito diferente, se os reconhecessem como os custos inevitáveis da divisão do trabalho de um sistema social no qual a liberdade de ingressar dos competidores é o primeiro ponto de força. Em um outro

---

8 *Ivi.*

nível mais sutil, a frequente publicidade vulgar moderna assume um aspecto diferente quando percebida como um custo social necessário em virtude da multidão difusa de produtos entre os quais os consumidores devem escolher em um sistema de capitalismo de sucesso"[9].

4.   *"O medo da anarquia*: [...] uma vez dado como certo que uma sociedade não planificada de cima terminará em caos incessante, torna-se suficientemente fácil mirar em alvos que poderiam ser considerados para exemplificar o caos. Mesmo quando os críticos do capitalismo reconhecem a determinação das forças de mercado, eles as veem como nada menos do que caóticas, no sentido que estas forças são consideradas a tomar direções socialmente indesejáveis". A mesma coisa que Hayek tinha em mente quando escreveu criticando tudo o que "não é conscientemente dirigido como um todo, que esta é uma prova da irracionalidade e consequente necessidade de vir a ser substituído por um mecanismo deliberadamente planejado".[10]. "Esta falácia é conectada à inabilidade causada pela falta da teoria compositiva[11] dos fenômenos

---

9   *Ibidem*, p. 6

10   HAYEK, 1955, p. 87 No original: *"is not consciously directed as a whole," that this is a "proof of its irrationality and of the need completely to replace it by a deliberately designed mechanism".*

11   Sobre o conceito de "composição", Hayek, em "L'abuso della ragione", p. 42. Observou: "Eu tomei o termo 'composição' por uma nota escrita a mão por Carl Menger, em sua cópia pessoal da revisão comentada de Schmoller de *Methoden der Socialwissenchaften* ('Jahrbuch fur Gesetzgebung', NF, 7, 1883, p 42). O escreveu acima do termo 'dedutivo' usado por Schmoller. Só mais tarde notei que Ernst Cassirer, em sua *Philosophie der Aufklärung* (1932, 12, p. 25, 341), usa precisamente o termo 'composição' para enfatizar que o método da ciência natural pressupõe o uso posterior da técnica 'resolutiva' e da técnica "compositiva". A especificação é útil e pode servir como um esclarecimento preliminar à afirmação de que sendo diretamente notados, nas ciências sociais, os componentes elementares, temos que partir deles e aplicar o método compositivo". Contrario a esta indicação de Hayek é, no entanto, R. Cubeddu, que (sobre o tema do individualismo metodológico "o Político", LIV, 2, 1989, p. 325) escreve, de fato, que a correlação entre o uso do termo "composição" em Menger e o método "resolutivo" e "compositivo" do qual fala Cassirer seria enganoso. E seria assim pelo fato que ela "pode deixar entender que o "método compositivo" mengeriano esteja relacionado ao método das ciências naturais modernas. No texto, Menger, no entanto, evidencia a influência da filosofia aristotélica".

sociais, para entender como a ação independente de muitos homens possa levar a um todo coerente, estruturas persistentes de relação que servem a importantes fins humanos sem serem designados para estes fins"[12].

5.   *"Medo da consequência do egoísmo* [...] porque a liberdade de comércio significa liberdade de agir de maneira avara e egocêntrica. Acredita-se que a consequência do *laissez-faire* inevitavelmente tende a ser má e brutal; a lei do mais forte. O que se nega implicitamente é a habilidade de usar a ganância dos participantes para servir os desejos dos outros participantes. A recusa de perceber as limitações sobre as ações individuais do mercado permite aos anticapitalistas interpretar os aspectos do cenário econômico que eles deploram com os únicos-a-ser-esperados, consequências sinistras de um sistema social baseado no egocentrismo e na ganância.

6.   *"Culpar o mercado pelos resultados do intervencionismo"*. Kirzner acredita que muitos aspectos do liberalismo comumente criticados pertencem, na realidade, aos sistemas capitalistas hodiernos, que não coincidem com a teoria e os auspícios dos liberais. Trata-se de sistemas capitalistas de estado, de governo ou de outra forma mista, tributados, regulamentados e legalizados; pertencem ao sistema capitalista como categoria histórica e não teórica. Kirzner redireciona estas críticas aos sistemas que nos governam, que legislam sobre a economia e acrescenta: "no momento em que é o capitalismo contemporâneo a ser atacado, não pode haver

---

12   KIRZNER, 1974, p. 8.

duvidas"[13]. "Há aqui uma simples falha analítica, ou seja, a distinção, no complexo enredar do capitalismo moderno, das consequências de seus elementos de mercado daqueles que não são de mercado. Esta falha analítica se manifesta em várias objeções ao capitalismo que se referem à falta de concorrência por barreiras à entrada impostas pelo governo (ou limites ao comercio internacional), a *maladjustments* de vários tipos decorrentes do controle de preços do governo ou *maladjustments* cíclicos (sem efeito no desemprego de larga escada) gerados pela forte expansão monetária feitas pelos governos"[14].

7.   *"O erro do Nirvana.* Uma outra crítica aos sistemas liberais é, segundo o autor, aquela de não corresponder a um sistema ideal tipicamente eficiente, moral e perfeito. Kirzner cita Demsetz, para explicar por que alguns "adotam o ponto de vista do Nirvana, buscando descobrir as discrepâncias entre o ideal e o real e, se as encontram, concluem que o real é ineficiente". Não há duvidas que muitos críticos do capitalismo estão julgando a sua eficiência e/ou a sua moralidade comparando-as com qualquer norma ideal que pode ter pouca relevância pelos problemas reais. Assim fazendo, eles superestimam o fato que melhorar um mundo imperfeito deve ser feito contra o background daquele mundo imperfeito; é geralmente impossível refazer totalmente sistemas inteiros; mesmo onde seja possível, o custo de fazê-lo poderia render a imperfeição relativamente atrativa e eficiente"[15].

---

13   *Ibidem* p. 7
14   *Ivi.*
15   *Ibidem*, p. 8.

Kirzner acredita, deste modo, que todas estas críticas se referem ao fundamento do liberalismo, às suas variáveis descritivas, como se quisessem transforma-lo para refundar o sistema a partir de características diametralmente opostas, até o ponto em que "não se tem alguma atenção por parte dos críticos aos *custos* (de transação e da criação da política pública) de refazer o sistema social dos seus fundamentos. [...] [Os críticos] ignoraram muitas vezes, em seus cálculos, os custos dos recursos necessários para corrigir essas ineficiências"[16], considerando como muitas vezes estes críticos façam um uso fácil da *pars destruens*, esquecendo-se, às vezes, da *pars construens* e sempre do custo[17] sob o qual criam um novo sistema.

3.2 Justiça redistributiva. Resposta a críticas socialistas e crítica de algumas defesas do liberalismo.

Para confirmar o fato que até nos escritos que podem parecer mais econômicos, na realidade, se escondem muitos temas éticos-políticos, Douahn, Eliasson e Henrekson afirmam que "a justiça é um tema recorrente ao longo de muitos trabalhos de Israel Kirzner"[18].

O autor, na verdade, trata a crítica socialista ao liberalismo de G. J. Stigler, M. Zweig, J. Maede, J. Rawls, O. Lange e Abba P. Lerner, sobre a redistribuição obrigatória do "estado mamute do século XX[19]" contra a alocação livre, sobre o conservadorismo, sobre o empreendedorismo contra a burocracia administrativa. Ao mesmo tempo, Kirzner enfrenta importantes problemas éticos e

---

16   *Ivi.*
17   Sobre o tema dos custos, leia BASTIAT F., "Ciò che si vede, ciò che non si vede. E altri scritti", IANNELLO N. (a cura di), Leonardo Facco Editore-Rubbettino, Treviglio-Soveria Mannelli, 2005.
18   DOUAHN, ELIASSON, HENREKSON, 2007, p. 219.
19   VARGAS LLOSA A., 2007, p. 209.

políticos, analisando a defesa do liberalismo feita por alguns autores, sobre as quais, em seguida, tece suas críticas.

Sobre estas últimas questões de propriedade legítima, da aquisição do estado de natureza, do lucro, da fortuna, da descoberta-criação, são analisados J. Locke, J. B. Clark, F. B. Hawley, F. Knight, J. Schumpeter, L. Von Mises e R. Nozick.

3.3 Redistribuir coercivamente ou alocar através do mercado: a perspectiva da *"given-pie"*.

Sobre os aspectos da produção, alocação e distribuição através do mercado em um sistema liberal ou pelo estado em um sistema socialista, começa um exame longo e minucioso de muitos autores que avançam teses visões sociais-estatistas e "(muitas vezes simplesmente implícitas) anticapitalistas"[20].

Em 1974, Kirzner trata principalmente da tese de Stigler-Zweig, segundo a qual o estudo da economia torna a pessoa liberal e politicamente conservadora. George Stigler afirmou que "o estudo profissional da economia faz com que se seja politicamente conservador ("conservador" definido como "aquele que espera que a maioria das atividades econômicas sejam realizadas por empresas privadas, e que acredita que o abuso do poder privado será geralmente controlado, e incentivos à eficiência e progresso sejam geralmente fornecido pelas forças da concorrência")[21]. Michael Zweig expressou uma opinião semelhante, muito apreciada pelos socia-

---

20   KIRZNER, 1974, p. 4
21   STIGLER G. J., "The Politics of Political Economists", *Quarterly Journal of Economics*, November 1959; reprinted in *Essays in the History of Economics*, Chicago, 1965, pp. 52-53.

listas críticos da economia ortodoxa: "aquela análise marginalista (com a qual a economia ortodoxa é considerada completamente identificada) não é apenas irrelevante, mas pode ser perigosa", ao ponto em que o "marginalismo é fundamentalmente contrarrevolucionário"[22]. Lekachman também considerou que o marginalismo austríaco é "uma noção altamente conservadora"[23].

Kirzner aponta que essas opiniões são baseadas em questões morais e técnicas, e responde que a "pesquisa sobre os fundamentos da mentalidade anticapitalista confirmará esta tese. Ou seja, iremos descobrir que esta visão teórica é (pelo menos) incoerente com o que está na base das análises econômicas. É assim que *este* nível de discussão sobre a mentalidade anticapitalista[24] tem de ser percebido, como Mises tem insistido várias vezes, como *a negação da ciência econômica*."

Note-se que o argumento de Stigler-Zweig, ou sua variação, é relevante não só para a base teórica e para as objeções anticapitalistas que são estritamente econômicas, mas também para aquelas sobre a moralidade do sistema de mercado. O hábito de pensamento gerado pela análise econômica permite evitar julgamentos éticos que são mutuamente inconsistentes, ou que de outra forma permanecem sobre fundações inválidas ao nível lógico"[25].

O autor passa a analisar a famosa teoria da justiça de John Rawls. A perspectiva e a crítica de Kirzner são intrigantes, pois acredita que os erros de Rawls não são propriamente em suas preferências éticas e morais, mas sim na incompreensão de como funciona o mundo real e de como funcionaria um sistema liberal, na

---

22   ZWEIG M., "A New Left Critique of Economics", in D. Mermelstein, (Ed.) *Economics: Mainstream Readings and Radical Critiques,* New York, 1970, p. 25.
23   LEKACHMAN R., "Special Introduction", Mermelstein, op. cit. p. xi. 1970
24   Ao qual é dedicado o capítulo 4.4.
25   KIRZNER, 1974.

crença que um sistema socialista pode replicar a eficiência do liberalismo e no acreditar que os momentos de alocação e redistribuição sejam duas coisas diferentes e distinguíveis. Para Kirzner, o autor de A *theory of justice* está "firmemente na tradição da economia do bem-estar do neoclássicos"[26], o que faz com que ele acredite "que, ao menos teoricamente, um regime socialista pode ter as vantagens da [economia de mercado]"[27]. Kirzner acredita que Rawls esteja alinhado com Oskar Lange e Abba P. Lerner, quando eles acreditam que "sob o socialismo, eliminado o empreendedorismo que cria lucros privados, o mercado pode, em princípio, operar como sob o capitalismo"[28], e que o planejador-burocrata pode atuar como o empreendedor social que por sua vez torna-se um mero gerente-atuador, "tratado como um oficial, um organizador-controlador"[29].

Mesmo neste momento, Kirzner segue ao pé da letra Mises e Hayek, segundo os quais esta visão de Lange e Abba "simplesmente assume que a competição empreendedora ativa não tem um papel essencial no processo de mercado". Enquanto, por outro lado, de acordo com os dois austríacos, "a ideia que os mercados capitalistas poderiam funcionar sem empreendedores pesquisadores de lucros era uma ilusão generalizada[30]. Em nenhum outro sistema, "a palavra *lucro* significa o que significa no sistema de mercado"[31].

A outra crítica de Kirzner a Rawls se refere à "visão muito duvidosa" da "nítida distinção entre as funções alocativas e distributivas" em um sistema liberal, que ecoa a distinção de J.S. Mill entre as leis da produção de riqueza e da distribuição da riqueza.

---

26   KIRZNER, 1989, p. 65.
27   RAWLS, 1971, p. 271.
28   KIRZNER, 1989, p. 66.
29   BARON e PASSARELLA, 2011, p. 9.
30   KIRZNER, 1989, p. 66.
31   KIRZNER, 1978.

Para o utilitarista inglês, "as leis e as condições de produção de bem-estar são como verdades físicas [...] que não fomos nós a criar e que não podemos alterar, e às quais podemos só nos adaptar. Não é assim para a distribuição da riqueza. Esta é puramente uma questão de instituições humanas"[32]. Kirzner acredita que "claramente para Mill, o discurso sobre a distribuição pode ser realizado tratando a torta para ser distribuída como já 'existente' – na terminologia de Nozick, um "maná do céu"[33] – "sem notar que alguém produziu esse bolo". Para o nosso autor, Maede e Rawls estão em um "ponto cego" e são "enfaticamente cientes que mudar as implicações distributivas dos preços de mercado capitalista certamente pode alterar a estrutura de incentivos de forma possivelmente ineficiente. Mas essa consciência é, de fato, confinada aos efeitos de incentivos em matéria de escolhas feitas com plena consciência de todas as outras escolhas feitas em qualquer lugar do mercado"[34], ou seja, imaginando um mercado perfeito, com perfeito equilíbrio, onde todos os jogadores têm informação perfeita. Na verdade, em tal contexto, não se poderia falar de incerteza e de incentivos para a busca do lucro, uma vez que o resultado final seria conhecido com antecedência. Por esta razão, a crítica de Kirzner é baseada no que ele acreditava ser dois erros implícitos e substanciais de Rawls: falar de incerteza só no estado antes do véu da ignorância e não no desenvolver do mundo real; e a "visão equivocada que o processo de mercado sob o capitalismo não é dirigido, de modo algum, pela atividade empreendedora privada motivada pelo lucro"[35].

Indo ao centro da questão, Kirzner não aprecia o método do "equilíbrio reflexivo" usado por Rawls, segundo o qual "começamos com

---

32 KIRZNER, 1989, p. 67.
33 *Ivi.*
34 *Ibidem,* p. 68.
35 *Ibidem,* p. 65.

nossas crenças iniciais, vamos atrás e voltamos entre as crenças consideradas, princípios morais, [...] modificando uma afirmação teórica aqui, direcionando o julgamento, abandonando um princípio ou uma falsa crença de fundo ali, até que se obtenha um estado de coisas em que nossos julgamentos, devidamente orientados e ajustados, se adaptam bem aos nossos princípios e nossas teorias". Kirzner acredita que tudo isso seja simplesmente "política que aparece como filosofia"[36].

Em conclusão, o autor faz suas, as palavras de Hayek, e declara que o "conceito de justiça social" é necessariamente vazio e sem sentido, porque nele não se pode determinar os retornos relativos de pessoas diferentes, ou argumentar que estes dependem, em parte, do acaso. À "justiça social" pode ser dado um significado apenas em uma economia dirigida ou "controlada"... em que os indivíduos são ordenados ao que fazer"[37]. A lógica do livre mercado, da ação humana, existe e sempre existiria, mesmo após o véu da ignorância. Em seguida, afirma que Rawls não entendeu a impossibilidade de substituir o mercado por um sistema socialista, porque "a ideia do capitalismo, de uma economia de mercado, um sistema de tomada de decisão descentralizada não assume e não é dependente de qualquer sistema de direitos de propriedade [em particular][38]". Até porque "na realidade, os direitos de propriedade que um indivíduo goza em uma determinada economia de mercado são eles próprios o resultado de um processo anterior de economia de mercado, mas conceitualmente é possível distinguir entre a cessão de direitos existentes no momento que começamos nossa análise do mercado e o sucessivo processo de mercado através o qual os direitos são trocados e exercidos"[39].

---

36 Ibidem, pp. 132-133.
37 *Ibidem,*, p. 9 citando F. A. von Hayek, *Law, legislation and liberty: the mirage of social justice,* vol. II, Chicago university press, 1976, p. 69.
38 KIRZNER, 1989, p. 6.
39 *Ivi.*

De acordo com Kirzner, portanto, um dos problemas da perspectiva sócio distributiva é o de considerar os recursos que se querem distribuir como já presentes no mundo, e não produzidos por ninguém em particular. **A perspectiva da *"given-pie"*.** A questão que parece estar no centro do debate é como, para alcançar a justiça distributiva, um determinado bolo deve ser dividido entre os candidatos. Este bolo é dado no sentido que a sua origem não é relevante para o juiz da distribuição [...] No entanto, continua a ser verdade que, pelo menos na medida em que os ingredientes necessários à produção do bolo, com referência aos originais recursos de produção de uma sociedade, foi simplesmente assumido que os recursos de produção originais estivessem já "existentes" [...]. Mais especificamente, nos debates sobre a justiça distributiva não é deixado espaço à possibilidade que o padrão de justa distribuição dos resultados de produção pode depender de quem originou os *inputs* que fizeram possível esta mesma produção. A pergunta sobre os *inputs* originais é, inversamente, como um indivíduo poderia estabelecer justo título de propriedade sobre estes (depois que de alguma maneira chegaram "aqui"), ou se, estando "aqui", pertencem à sociedade como um todo. [...] Os *inputs* originais, ou seja, aqueles *inputs* que não tenham sido produzidos, mas que existem na natureza, podem não ter sido originados por pessoa alguma"[40].

3.4 Liberalismo e estatismo. Burocratas e justiça econômica.

Israel Kirzner muitas vezes usa os termos "sistema de mercado" e "capitalismo" como sinônimos, e entende o capitalismo

---

40 KIRZNER, 1990, pp. 214-215.

como "um sistema *puro*, em que toda a atividade econômica continua através de mercados *laissez-faire*", tratando da sua teorização conceitual, e não do "mundo real do capitalismo moderno hodierno, onde muitas vezes um enorme volume de regulação estatal modifica o funcionamento do livre mercado"[41]. O que é "único do capitalismo de mercado é o objetivo de oferecer objetivos difusos" às decisões empreendedoras, que movem todo o sistema. "Qualquer decisão – de mercado ou não – implica um elemento de empreendedorismo especulativo [...]. Isto continua a ser verdade para todas as decisões", onde quer que sejam tomadas, no capitalismo puro, no socialismo puro, ou qualquer combinação destes sistemas "puros"[42].

O que só existe no mercado é a tomada de decisão difusa e um sistema generalizado de lucros obtidos de forma inequívoca, como resultado de descobertas empreendedoras-especulativas. Em um sistema planejado coercitivamente, "burocratas tomam suas decisões empreendedoras. Mas o que dirige seus julgamentos sobre o ganho? A resposta é: as ordens de níveis ainda mais altos da burocracia". Há uma forte semelhança com palavras ainda mais fortes de Luciano Pellicani, quando mostra que uma "consequência do planejamento totalitário é que os funcionários se tornam os 'senhores da economia', na verdade, os 'senhores da sociedade' [...]. Através da nacionalização completa dos meios de produção, o *homo ideologicus* – o corpo profissional revolucionário dedicado de corpo e alma à guerra contra o espírito burguês – se transforma em *homo burocraticus*, e este, por sua vez, torna-se o empresário universal e alocador único e exclusivo dos recursos"[43].

---

41   KIRZNER, 1989, p. 4.
42   *Ibidem*, p. 94.
43   PELLICANI, 2004, p. 122.

Além disso, outra questão à qual Kirzner se refere é que, desde que os incentivos decorrentes da possibilidade de lucro estão ausentes no campo do governo, o processo de descoberta de novas oportunidades neste setor será afetado e continuará a ser não produtivo"[44]. Assim, "nos sistemas de planejamento central, os lucros, em parte, grandes ou pequenos, são atribuídos como resultado de uma gestão central. [...] Não é incorreto descrever os planejadores centrais como pessoas que agem de forma empreendedora (em termos de qualquer objetivo – social ou pessoal – com base nas motivações da tomada de decisão central). Mas os lucros resultantes, na medida em que eles resultam daquela tomada de decisão centralizada, não podem ser vistos como devidos às virtudes de suas próprias descobertas empreendedoras. Nas economias planejadas centralmente, os argumentos em favor da justiça de qualquer modelo de redistribuição de lucro não podem referir-se ao caráter da descoberta do lucro"[45], por isso, "os líderes soviéticos embolsam o equivalente dos lucros[46]" e, "tendo abolido o lucro – que é um incentivo vital para a eficiência –, o planejador não pode usar as alavancas do interesse econômico e deve ser substituído com as alavancas da ideologia e, no caso em que estas faltem, com as alavancas de carreirismo ou até mesmo do medo. Resultado: a racionalidade econômica é sacrificada no altar do Poder total"[47].

É possível dizer que "a substituição do poder econômico pelo poder político necessariamente envolve a substituição de um poder que é sempre limitado por um poder do qual não há maneira de escapar"[48], embora, na realidade, a diferença seja ainda maior do que de nível e grau, mas também de tipo: o que é comumente chamado

---

44 DOUAHN, ELIASSON, HENREKSON, 2007, p. 218.
45 KIRZNER, 1989, p. 95.
46 ARON R., *L'oppio degli intellettuali*, La biblioteca di Libero, Roma, 2005, p. 258.
47 PELLICANI, 2004, p. 121
48 Ibidem, p. 120.

poder econômico não é nada mais do que a capacidade de influenciar, e o poder político é coercitivo.

Kirzner admite preocupar-se "com a questão da justiça econômica do sistema de mercado"[49], e afirma que "os debates padrão sobre a justiça do capitalismo muitas vezes tratam este sistema como se, referindo-se aos requisitos para a justa distribuição, pudesse ser corretamente comparado com a economia planificada. Como se os princípios de justiça desenvolvidos para a economia planificada centralmente fossem diretamente relevantes para a avaliação da justiça da economia capitalista. Mas essa visão ignora uma fundamental distinção entre os dois sistemas: o capitalismo oferece a todos " ao contrário da economia planificada – oportunidades de lucros descobertos"[50]. Por fim, Kirzner expressa mais uma vez suas posições éticas, afirmando que suas ideias "certamente não proclamam que o capitalismo é livre de todas as imperfeições morais (uma vez que, em todo o caso, a justiça rigorosa não é o único critério de moralidade entre humanos). Ele certamente não afirma que todas as ações tomadas no capitalismo histórico sejam morais ou justas"[51], mas argumenta que um sistema "que foi tão extraordinariamente produtivo, melhorando os padrões da vida humana, não deve ser rejeitado com base em uma injustiça natural. Melhorias morais podem ser procuradas dentro do mesmo *framework* capitalista"[52], "sem a crença que participar do capitalismo é participar de uma instituição humana inevitavelmente negativa"[53]. Então Israel Kirzner "rejeita a ideia de um planejador social que poderia fazer melhor do que o mercado"[54].

---

49 KIRZNER, 1989, p. 93.
50 *Ibidem*, p. 96
51 KIRZNER, 1990, p. 222
52 KIRZNER, 1989, p. 177
53 KIRZNER, 1990, p. 222
54 DOUAHN, ELIASSON, HENREKSON, 2007, p. 218.

3.5 Descrições neutras e prescrições apaixonadas.

Em continuidade com as questões metodológicas da ciência e da transmissão do conhecimento científico para o público, Kirzner não evita o debate sobre a *wertfreiheit* ("neutralidade axiológica; ausência de juízos de valor") e a possibilidade de aplicação na arena política do que foi analisado cientificamente. Neste contexto, há muitas conexões, pró e contra, com Weber, Mises, Lions, Rothbard, Machlup e High. É uma difícil alternância entre a aspiração à neutralidade axiológica, a paixão pela pesquisa e a utilidade prática aplicável à esfera política.

Kirzner é um acérrimo defensor da neutralidade axiológica. Ele acredita que o interesse pela ciência nunca é um fim em si mesmo, que "conhecimento e compreensão são valorizados não só (ou mesmo principalmente) para o seu próprio amor, mas para a sua utilidade em termos práticos"[55]. Assim, cometendo o erro de não diferenciar entre financiamento público e privado, como o fariam os estudiosos da Public Choice e outros austríacos, acredita que a evidência para isso seja a enorme despesa nesta área: "O enorme gasto a cada ano em pesquisa e ensino econômico certamente não estaria disponível se não esperássemos que esse tipo de pesquisa e de ensino possa ajudar a promover políticas públicas sensatas que levam à prosperidade e ao bem-estar".

No entanto, "o caminho desde uma válida compreensão econômica para sólidas sugestões políticas não é linear. Proceder do que *é* ao que *deveria ser*[56], é, no entanto, notoriamente repleto de perigos filosóficos". Na linha de Schumpeter, é lembrado como "em uma

---

55 KIRZNER, 2006, p. 1.
56 Veja "Navalha de Occam".

aula de um proeminente líder da Escola [Histórica Alemã], a atmosfera na sala parecia à de uma campanha eleitoral". Apesar disso, Kirzner recorda que o mais proeminente defensor da *wertfreiheit* reconhecia "o perigo da reputação da economia como ciência objetiva que era posto por essa politização. Ele argumentou que o caráter de cada ciência social *exige* que seja meticulosamente imparcial entre os diferentes juízos de valor. [...] Weber insistiu que os cientistas que discordam sobre as prioridades morais deveriam, no entanto, ser capazes, pelo menos em princípio, de chegar em acordo sobre as proposições positivas da própria disciplina". A posição de Kirzner é imediatamente clara quando, falando sobre as ideias de seu inspirador Mises, o define como "imponente". O austríaco acredita que "a objetividade da ciência exige nada mais do que o seu desapego completo das preferências pessoais e juízos de valor" e que "manter essa separação pode ser difícil – mas ele negou enfaticamente que era impossível". Por fim Kirzner escreve uma passagem muito interessante citando um incidente que se relaciona a Gunnar Myrdal, Fritz Machlup, Mises e toda a Escola Austríaca.

Em 1930, Myrdal escreve que a maioria dos principais cientistas sociais têm sempre inserido premissas políticas e ideais naquilo que apresentaram como as investigações científicas. "Machlup chamou atenção sobre a afirmação de Myrdal que (ao contrário de outras escolas de pensamento) a Escola Austríaca *não* foi culpada de injetar política em seu trabalho científico. Machlup achou surpreendente este julgamento e se perguntou: "Como é que os escritos anti-intervencionistas de Mises puderam escapar da atenção de Myrdal?". Machlup aparentemente não conseguia conciliar a insistência de Mises sobre a *wertfreiheit* com o desapego dos pré-compromissos dos eloquentes escritos de Mises em favor do *laissez-faire* e da economia de livre mercado". Machlup, embora ele também seja da Escola Austríaca, acredita, como High, que a neutralidade axiológica seja impossível e que, então, nem a obra do mestre Mises esteja livre desta dificuldade. Kirzner, no entanto, considera que Mises foi sempre neutro e acredita que essa postura seja cientificamente possível e desejável. Aqui, mais uma vez, estamos diante de um debate interessante dentro da mesma escola de pensamento.

Kirzner distingue entre o rigor da investigação científica e a "paixão" com a qual depois se quer difundir os resultados, mesmo para fins de utilidade social. Defende assim o caso de D.B. Klein, que "convocou os economistas para aplicar o seu conhecimento para mudar as escolhas políticas e econômicas do público. Klein afirmou que os economistas pró livre mercado têm a *obrigação* moral de moldar a opinião pública em direção a uma valorização da liberdade". E que "em vez de falar entre si em uma linguagem de modelos abstratos", deveriam envolver-se em "discursos públicos, falando a cada homem de questões relativas a políticas públicas concretas". Ele acredita que a profissão entrou em um círculo vicioso, como se fosse mais racional "*evitar* dirigir cada homem sobre questões concretas e, em vez disso, concentrar-se em modelos abstratos dos quais dependem reputação profissional e prêmios". Klein, desta forma, colocou-se explicitamente em oposição a Stigler, que criticou vários autores por fazerem precisamente o que Klein espera que façam.

Para Stigler, deve-se "evitar" a pregação, "não por causa de alguma preocupação que tal pregação viole a objetividade científica e a neutralidade moral", mas porque seria como acreditar "que o economista sabe o que é economicamente bom para o público, melhor do que sabe o próprio público. Stigler acredita que exista o conhecimento perfeito". Ao longo da história do pensamento "houve pouco consenso entre os economistas sobre a possibilidade e a utilidade do valor da neutralidade axiológica". Kirzner considera que a neutralidade da ciência pode existir e que pode persistir mesmo na hora da transmissão de aconselhamentos e orientações ao público, seja o príncipe ou o súdito: "só se essa possibilidade existir [o de aconselhamento imparcial] a doutrina da neutralidade axiológica pode ser coerentemente mantida pelo consultor público; apenas se essa possibilidade existir, a objetividade e a imparcialidade do consultor podem ser preservadas". Para ele, é exatamente a Escola Austríaca a oferecer esta possibilidade, porque as implicações da "Escola Austríaca tornam possível oferecer um aconselhamento imparcial de políticas públicas, uma vez que tais sugestões *não* refletem qualquer preferência pessoal ou ideológica". Tudo isso "estabelecendo a existência da cadeia de causas e efeitos" e admitindo explicitamente "seguir a tradição austríaca".

Neste sentido, Kirzner acredita que um sistema livre seja "tendencialmente benigno": "cada etapa do processo de mercado é, pelo menos em sua tendência, socialmente benéfica". Isso ocorre porque geralmente "a troca entre A e B os beneficiará sem prejudicar ninguém", mas quando a troca prejudica a C, ou seja, no caso de externalidades negativas, existem sistemas jurídicos de direitos que, de acordo com Kirzner, podem resolver o problema e ressarcir C ou dar-lhe o direito de veto. Em suma, o autor afirma que não importa o que os dois sujeitos troquem e sobre o que concordam desde que isso não afete outras pessoas. Se isso vier a acontecer, Kirzner admite que se busque apoio em um sistema legal que reconheça certos direitos. Sobre este ponto, o autor se diferencia, mais uma vez, da vertente anarquista da Escola Austríaca. Desta forma, Kirzner tenta tornar possível, da melhor forma, a realização prática dos planos individuais, até o limite de não invadir a liberdade dos outros. Kirzner considera-se neutro em relação aos fins subjetivos dos indivíduos, perseguir, facilitar ou restringir alguns objetivos específicos e não outros. Ele afirma que um "exame cuidadoso de nosso raciocínio vai transparecer que não se mostrou qualquer necessária bondade moral no processo do mercado". "O que tem sido chamado de benigno é que ele tende a seguir o processo de mercado espontâneo; é benigno de uma forma muito especial e limitada. [...] Mas a natureza benéfica deste processo está intimamente relacionada com as preferências dadas por Jones e Smith. Se estas preferências são, do ponto de vista moral, válidas, o processo que promover a sua realização pode também ser visto como válido". Ele ainda observa que "aquele que elogia o processo de mercado não o faz como um moralista, mas está fazendo isso no *framework* instrumentalista de sua profissão". E "se isso fosse bem compreendido, não pareceria errado rotular uma política econômica coordenadora como boa política econômica porque promove a descoberta mútua entre Smith e Jones".

Em particular, Kirzner parece reforçar as preocupações de seu professor, Mises, em três questões: a) "política auto frustrante", como uma política pública que "leva a resultados que não são desejados pelos próprios políticos, é uma má política pública" b) "políticas insustentáveis", isto é "políticas públicas inerentemente impossíveis de ser aplicadas com sucesso", e, finalmente, c) "as violações da soberania dos consumidores".

Adiante, há também o aspecto da **paixão** que impulsiona o interesse do cientista social, que o leva a revelar o desejo de persuadir o público. Para Machlup, a paixão de Mises "parece, à primeira impressão, difícil de conciliar com a sua insistência na necessidade de neutralidade científica absoluta e objetiva nas ciências sociais". Kirzner argumenta, porém, que "deve ficar claro que não há incoerência nas posições de Mises. Pois Mises acreditava – com base em critérios objetivos e científicos – que o socialismo era uma receita certa para a miséria, e pior, ele acreditava que tinha o dever moral de comunicar a sua crença para a sociedade com o entusiasmo que pudesse ser útil para chamar a atenção e inspirar alívio político. [...] Essa paixão foi – como a paixão de alguém que ardentemente alerta sobre o perigo do tabaco à saúde – baseado em uma ciência fria, objetiva". Assim, "esta ciência pode ser usada de uma forma neutra, para informar o público sobre o que ainda não sabe", e até mesmo, além da paixão, alguns cientistas sociais "poderiam considerar uma obrigação moral trazer os resultados de suas pesquisas científicas à atenção do público. Tal obrigação moral poderia ser expressa adequadamente pela intensa paixão misesiana, mas isso não é, do ponto de vista dos princípios, de nenhuma forma incompatível com a objetividade fria com que esses estudos foram realizados"[57]. Considere, por exemplo, a distinção feita por Bruno Leoni, entre "valorização" como um juízo de valor direto sobre os fins e "avaliação" como um juízo sobre a adequação de um meio particular, a fim de obter uma qualquer finalidade, sobre a qual não se faz qualquer julgamento[58].

3.6 Implicações para as políticas públicas.

Obviamente, o que foi dito tem fortes implicações até para o campo das políticas públicas a (poder/dever) ser implementadas. Por exemplo, Kirzner afirma com Sautet que "o lucro guia a descoberta empreendedora de oportunidades de negócios antes não percebidas, o que indica uma forma mais desejável para organizar os recursos da sociedade. Com o objetivo de fortalecer o empreendedorismo socialmente benéfico, os políticos devem prestar atenção

---

57   KIRZNER, 2006, p. 11.
58   LEONI, 1951, p. 59.

à qualidade das instituições e especialmente como impactam os lucros. Instituições que permitem aos indivíduos apostar no futuro e manter os ganhos que descobriram fortalecerão a descoberta empreendedora e, como resultado, irão criar uma sociedade dinâmica e próspera. Essas instituições incluem:

1. Direitos de propriedade bem definidos e aplicados.

2. Liberdade de contrato e sua aplicação.

3. Limitada interferência do governo nos resultados do mercado"[59].

Em mais uma demonstração de que, para o autor, a questão do empreendedorismo deve ser entendida no sentido mais amplo possível, de modo a investir até mesmo a política, observa-se que o empreendedorismo está mais uma vez a desempenhar um papel muito relevante; na verdade, o principal: "uma política econômica elaborada sem uma compreensão do papel desempenhado pelos empreendedores, podemos argumentar, será provavelmente muito incompleta, um verdadeiro obstáculo para o progresso econômico e para a prosperidade.[60] O legislador deve "criar condições institucionais que incentivem o empreendedorismo (isto é, garantam os direitos de propriedade e respeitem a liberdade contratual e o ingresso livre nos mercados), e não tentem apoiá-lo direta e ativamente"[61]. A preocupação é que "as políticas possam influenciar este processo de diversas maneiras. O perigo de regulação existe não só porque distorce os padrões de consumo e de poupança, mas também, e principalmente, porque sufoca a descoberta empreen-

---

59   KIRZNER e SAUTET, 2006, p. 3.
60   *Ibidem*, p. 1. No original: *"economic policy formulated without an understanding of the role entrepreneurs play, we shall argue, is likely to be deeply flawed and, indeed, an obstacle to economic progress and prosperity"*.
61   *Ivi. No original: "the institutional conditions that enable entrepreneurship (i.e., enforcing property rights and respecting the freedom of contract and the free entry in markets) and not in trying to support it directly and actively"*.

dedora"[62]. E o que é caro aos dois autores é que "o que precisa ser enfatizado incessantemente é que a descoberta empreendedora é, em um sentido profundo, mais crucial para o funcionamento do mercado que os recursos, não importa quais sejam. Uma política pública (ou um desastre natural) que resulta em uma redução de fontes de energia (ou matérias-primas, como borracha ou ferro) significa que a economia de mercado vai ter que trabalhar com menos recursos. [...] Mas uma política pública que de alguma forma impede a realização da descoberta empreendedora não faz um corte de recursos para o mercado. Tal política pública tende a sufocar todo o processo de mercado. A atividade do mercado depende do empreendedorismo, mas não no sentido em que a indústria automobilística depende da disponibilidade de ferro, ou que a fuga de Crusoé depende da disponibilidade de troncos de árvores. A atividade do mercado (e, portanto, o desenvolvimento econômico) depende do empreendedorismo na medida em que a fuga de Crusoé depende de sua capacidade de ter "boas ideias". Sem boas ideias, Crusoé permaneceria no fundo do seu refúgio. Sem a capacidade de encontrar boas ideias e depois implementá-las, os mercados não "funcionam" de modo algum"[63].

Então, muito concretamente, o que Kirzner e Sautet pedem é que "nenhum obstáculo arbitrário à concorrência na entrada seja imposto por governos ou por qualquer outro agente extra mercado. Ausência de privilégio significa que nenhum potencial empreendedor será impedido de explorar uma oportunidade de descoberta de lucro por causa de um limite protecionista contra as importações ou porque uma nova empresa tenha, por meio de pressão política, bloqueado a entrada. Obstáculos contra a entrada constituem obs-

---

62   *Ibidem*, p. 2.
63   *Ibidem*, p. 11.

táculos à descoberta empreendedora"[64]. Para Kirzner, os políticos e os burocratas não devem apoiar o empreendedorismo de forma direta, muito menos limita-lo, mas apenas garantir "as condições necessárias e suficientes"[65] básicas, porque "os funcionários públicos não têm os necessários incentivos econômicos para descobrir as situações nas quais os recursos são mal alocados (como considera uma perspectiva onisciente). A política pública responde a problemas já percebidos, muitas vezes subestimados (por várias razões, devido à natureza dos processos políticos) pelo fato de o processo de mercado estar continuamente descobrindo oportunidades de troca e novas fontes de receita"[66]. E se as oportunidades de lucro não são descobertas imediatamente pelo mercado, "a rapidez com que as oportunidades de lucro serão descobertas depende, em grande medida, da qualidade dos incentivos que os empreendedores encontram no mercado"[67].

Além disso, Kirzner acredita que, apesar do desenvolvimento econômico e empreendedor ser geralmente um objetivo comum de quase todas as classes políticas "A manutenção de mercados verdadeiramente competitivos é um fim desejável para legisladores que buscam promover uma sociedade dinâmica"[68], acontece frequentemente que "enquanto a finalidade de manter mercados competitivos é compartilhada por muitos políticos, as políticas implementadas na prática, muitas vezes, enfraquecem as condições para a atividade empreendedora. Isso ocorre porque a lei sobre a concorrência geralmente se baseia em uma visão estática da competição"[69].

---

64 *Ivi*

65 *Ibidem*, p. 19.

66 *Ibidem*, p. 16.

67 *Ivi. No original: "the speed at which profit opportunities will be discovered depends to a large extent on the quality of the incentives entrepreneurs face in the Market".*

68 No original: *"Maintaining truly competitive markets is a desirable end for policy makers seeking a dynamic society".*

69 *Ibidem*, p. 19.

O julgamento sobre as políticas ocidentais de concorrência é claro: a "política de concorrência, como é agora praticada nos países ocidentais, é anticompetitiva. A política da concorrência muitas vezes cria problemas para as descobertas dos empreendedores, impondo-lhes uma construção "ideal" do mercado. Isso pode impedir a livre entrada e diminuir a liberdade de contrato (por exemplo, a proibição de fusões) [...] As principais vítimas, além dos empreendedores que estão impedidos de captar novas oportunidades de negócios, são os consumidores que não serão beneficiados pelos novos ganhos descobertos pelos empreendedores. Em essência, assim como o livre ingresso é necessário para o processo de competição empreendedora, o livre comércio – interno ou internacional – é crucial para a melhoria do bem-estar do consumidor. A livre entrada e o livre comércio são duas faces da mesma moeda institucional". E ainda "na medida em que [as políticas governamentais] suspendem ou inibem o processo do mercado, elas estão também obstruindo o processo de descoberta, sem oferecer um substituto. [...] Criar políticas de governo para lidar com as externalidades é realmente fingir possuir um conhecimento que ninguém, em princípio, pode honestamente afirmar que possui"[70].

Sob esse ponto de vista, além das primeiras três condições, o estado deve considerar as seguintes condições:

1. A medida da carga tributária (especialmente a taxa marginal efetiva sobre os rendimentos do capital e do trabalho etc.)

2. "A qualidade geral do governo (incluindo regras monetárias e fiscais, o tamanho do estado central e local, a extensão e a natureza do estado no setor privado como na legislação relativa aos contratos, etc.)"[71].

---

70   KIRZNER, 2000, pp. 77-87.
71   KIRZNER e SAUTET, 2006, p. 21.

Colocar em risco os efeitos da política e da regulação poderia: "manifestar-se em casos onde há uma ausência de coordenação, da qual ninguém está ciente. O problema é que a regulação pode ser responsável precisamente por que tais ausências de coordenação não são descobertas. O perigo da regulação consiste não apenas porque ela distorce os padrões de troca entre consumidores e produtores, mas também e principalmente, porque atrapalha o processo de descoberta espontânea e empreendedora"[72].

Trata-se, portanto, de uma forte preferência pelo livre mercado, e não apenas como um sistema de *politics*, mas também como uma categoria de *policy*.

3.7 Rumo a uma "Public Choice Austríaca"? O empreendedor político.

A Public Choice é também conhecida como a Escola de Virgínia, pois nasceu e é baseada na George Mason University, na cidade de Fairfax (Virgínia)[73]. Nos Estados Unidos, a Escola Austríaca foi principalmente baseada na Universidade de Nova York e agora parte do seu próprio centro de gravidade está passando para a George Mason. Naquela sede, então, está agora o coração de ambas as escolas de pensamento, as quais talvez podem se influenciar reciprocamente.

---

72 *Ivi. No original: "manifest themselves in cases where there is an absence of coordination of which no one is aware. The point is that regulation may be responsible for such absences of coordination not being discovered. The danger of regulation comes, not only because it disrupts the patterns of exchange between consumers and producers, but also, and primarily, because it weakens the entrepreneurial discovery process".*

73 Na realidade, J. Buchanan sempre rejeitou o termo "escola", argumentando que a Public Choice não é uma escola, mas um programa de pesquisa.

Entre as duas tradições há certamente uma "afinidade metodológica"[74], como sobre o uso do individualismo metodológico[75], embora existam diferenças importantes. "A Public Choice depende muito da análise de equilíbrio"[76], usa um paradigma de conhecimento perfeito, "ignorando a incerteza estrutural do futuro e o fato que o conhecimento é difuso e subjetivo"[77] e, por fim, usa modelos estáticos; enquanto, como vimos, a Escola Austríaca é fortemente crítica de todas essas posições. No entanto, os autores da Public Choice poderão lentamente migrar para uma abordagem subjetivista, abandonando o objetivismo mais neoclássico. Mesmo o Prêmio Nobel James Buchanan e Viktor Vanberg "afirmam que uma estrutura constitucional baseada nas premissas de benevolência e onisciência está fadada ao fracasso quando se introduz na análise a incerteza estrutural associada ao subjetivismo radical"[78]. Observe também, como sempre, pelo menos na terminologia, sempre houve uma certa proximidade entre as duas tradições, onde, por exemplo, Buchanan e Tullock usam o termo *praxeológico* para descrever seu próprio tipo de abordagem geral"[79].

Hoje, a Public Choice pode deixar para trás uma "neoclássica Public Choice"[80] para tornar-se, talvez, uma "Public Choice Austríaca". Embora uma possibilidade não seja uma probabilidade.

---

74   BOETTKE e LOPEZ, 2002, p. 111.

75   Há, de fato, duas versões diferentes do individualismo metodológico. Na versão mais leve o critério epistemológico segundo o qual somente os indivíduos têm objetivos e interesses, e ainda as instituições e a influência social agregando e restringindo o comportamento individual. Assim, qualquer que seja o fenômeno estudado pelo economista, ele deve ser definido como o resultado, embora não necessariamente como a soma de um conjunto de decisões ou comportamentos individuais. Note que não significa excluir.

76   IKEDA, "How compatible are Public Choice and Austrian political economy?", *The review of Austrian economics*, 16:1, 2003, p. 63.

77   BOETTKE e LOPEZ, 2002, p. 112. No original: *"ignoring the structural uncertainty of the future and the diffuseness and subjectivity of knowledge"*.

78   *Ibidem*, p. 113.

79   BUCHANAN J. M. and TULLOCK G., *The Calculus of Consent: Logical Foundations of Constitutional Democracy*. Ann Arbor: University of Michigan Press, 1962, 16–30.

80   BOETTKE e LOPEZ, 2002, p. 115.

Além disso, Israel Kirzner pode ter alguma influência exatamente através da sua teoria do empreendedorismo, onde, por exemplo, "aplicando o estático modelo neoclássico para estudar os 'mercados' políticos, os teóricos da Public Choice tem talvez minimizado ou ignorado o papel do 'empreendedorismo político'"[81]. Na verdade, a teoria de Kirzner é já adotada por Randall Holcombe e Daniel Sutter, que falam de seu "empreendedor político". Neste contexto, a diferença entre o empreendedor político e o chamado "privado", é enorme. As duas figuras e suas respectivas funções são na verdade diametralmente opostas. Nesta perspectiva, de fato, "a natureza da atividade de mercado é a de reforçar a propensão das pessoas para o escambo e a troca " geralmente jogos de soma positiva. É o empreendedorismo que facilita este processo. Ao contrário, a natureza da maior parte da atividade de governo, inclusive o empreendedorismo politico, é promover a transferência de bem-estar, o que é no máximo um jogo de soma-zero"[82]. Logo, "a essência do empreendedorismo político é destruir riqueza através de um comportamento rentista de soma negativa"[83]. E nesta linha, para Holcombe, isso caracteriza os "mercados políticos como criadores de oportunidades de lucro político quando há instabilidade política e políticas ineficientes. Os empreendedores políticos agem para se aproveitar dessas oportunidades, no entanto, ao contrário dos empreendedores econômicos, isso requer a construção de uma coalizão e de ações coercitivas. [...] As oportunidades de lucros políticos podem surgir a partir da promulgação de uma política economicamente ineficiente. Assim, aos empresários políticos, devido à maioria das regras estabelecidas pelas instituições, muitas vezes são dados incentivos a provocar

---

81   DI LORENZO, 1987, p. 66.
82   *Ibidem*, p. 69.
83   *Ibidem*, p. 66

ineficiências na economia, um resultado que é, necessariamente, ausente das abordagens de Public Choice neoclássica"[84].

Desta forma, "enquanto na verdade os erros do operador privado tem um limite no lucro negativo, este limite é muito mais ambíguo para o operador público, que pode contar com a tolerância dos contribuintes e o fato que você raramente tem eleições completamente focadas em atos individuais do administrador público"[85]. Então, através destas perspectivas, podemos constatar que, para obter lucros políticos, os políticos "respondem oferecendo transferências através de legislação e regulamentação"[86]. De acordo com a Public Choice, então, "os políticos correspondem passivamente aos desejos dos grupos de interesses", enquanto de acordo com os austríacos essa visão passiva e estática "não é perfeitamente precisa, tratando-se de um mundo incerto [...]. Os empreendedores políticos não só respondem passivamente à pressão de grupos de interesse, como também tentam estimular a demanda por seus *serviços*, por exemplo, a oferta de transferência de bem-estar"[87]. Tudo isso, portanto, enfatiza a diferença entre as duas escolas de pensamento.

Sutter argumenta que "os autores da Escola de Virginia não só compartilham a abordagem baseada nas instituições dos austríacos, mas também adotam implicitamente uma abordagem de processo de mercado em desequilíbrio e só por causa dessa abordagem chegam ao conceito de ineficiência democrática. Sutter, com efeito, afirma que as fundações são comuns, embora desconhecidas[88] e também afirma que "o modelo de processo

---

84 BOETTKE e LOPEZ, 2002, p. 115.
85 COLOMBATTO, 2001, p. 13.
86 DI LORENZO, 1987, p. 66.
87 *Ivi.*
88 BOETTKE e LOPEZ ,2002, p. 115.

de desequilíbrio do mercado é obtido através da introdução do empreendedor político"[89].

Há duas outras maneiras em que o empreendedorismo político é expresso: 1) aquela que se refere à burocracia, onde, por exemplo, as burocracias servem "aos desejos de empreendedores políticos com os quais compartilham objetivos comuns: uma expansão da atividade (e do orçamento) de Entes"[90]; 2) aquele em que os políticos "estimulam diretamente a demanda percebida por seus 'serviços', dando o dinheiro dos contribuintes para interesses de lobby; 3) e aquela ligada à publicidade que atores e instituições políticas fazem de si, a propaganda política "parece promover um consenso sobre as políticas públicas prevalentes [...]. Desta forma, o empreendedorismo político na forma de política de publicidade facilita o processo de *rent-seeking*"[91]. Lopez, por vezes, "enfatiza na Public Choice a visão que o legislador, tentando alcançar seu objetivo, investe em bens de capital políticos que o movem no futuro em direção daquele objetivo, até mesmo se no presente move-se para longe dele. Na adaptação do processo de mercado a este modelo de investimento, o legislador compara essas oportunidades de investimento com alguns graus de incerteza estrutural"[92].

---

89   *Ibidem*, p. 116.
90   DI LORENZO, 1987, p. 67
91   *Ibidem*, p. 68.
92   BOETTKE e LOPEZ, 2002, p. 116.

CAPÍTULO 4

ÉTICA E CULTURA

4.1. Propriedade legítima, aquisição do estado de natureza e "o que um homem tem produzido".

É de extrema utilidade mencionar algumas importantes afirmações, claras e diretas, de Kirzner. "O que parece ser aceito por todas essas diferentes teorias da justiça [liberais ou não] é que, para que um indivíduo possa desenvolver uma reivindicação justa sobre uma determinada posse, ele deve ser capaz, em princípio, de estabelecer alguma ligação específica em relação àquela posse, que o situe significativamente distante a respeito dos outros. [...] As razões do igualitarismo – exceto aquelas variedades de igualitarismo para as quais o imperativo da igualdade de resultados é a "fortaleza" da intuição moral – são geralmente baseadas de uma forma ou de outra na presunção que tal conexão moralmente significativa não pode ser estabelecida"[1]. E, em seguida, citando Nielsen, Kirzner responde que "os bens a serem distribuídos não caem como maná do céu, eles vêm com titularidade. Algumas pessoas os produziram, compraram, receberam, herdaram, encontraram, lutaram para fazê-los e conservá-los. Pensar que é permitido passar por cima de seus direitos, organizando modelos de distribuição ideais, significa falhar no respeito a essas pessoas"[2].

Tratando-se, portanto, da questão do direito à propriedade, o autor acredita ter encontrado na literatura científica um fio condutor: o conceito (às vezes implícito) de "aquilo que um homem produziu" como critério distintivo de uma propriedade legítima ou não. Questão de "importância considerável" e "relativa, tanto à justificativa dos direitos privados à propriedade, quanto ao problema da justiça na distribuição de renda"[3]. Kirzner destaca essa definição em autores distintíssimos tais como J. S. Mill, M. Friedman, K. Marx e J. Locke. O utilitarista inglês afirma na verdade que "a instituição da propriedade privada [...], quando limitada aos seus elementos essenciais, consiste no reconhecimento, a toda pessoa, de um direito à posse exclusiva do que ele ou ela tenham produzido com esforço pessoal, ou recebido como legado ou em comum acordo, sem o uso da força ou da fraude, de quem o tenha produzido. O fundamento disto é o direito dos produtores sobre o que produziram"[4]. O monetarista americano identifica a ética capitalista

---

1 KIRZNER, 1989, p. 136.
2 *Ibidem,*, p. 137, citando Nielsen K., *Equality and liberty. A defense of radical egalitarianism,* Totowa, NJ, Rowman and Allanheld, 1985, p. 63.
3 KIRZNER, "Producer, entrepreneur, and the right to property", in S.L. Blumenfeld (a cura di) *Property in a humane economy*, La sale, Illinois, Open court, 1975, p. 1.
4 MILL J.S., *Principle of political economy,* Ashley Edition, Londres, 1923, p. 218.

com o princípio pelo qual "cada um merece aquilo que produz"[5]. A mesma perspectiva pareceria "ser compartilhada por Marx, uma vez que sua visão sobre a exploração do trabalho, mantendo-se a premissa que trabalho produz o produto inteiro, é válida apenas se o trabalho é dirigido por aquilo que o mesmo produz"[6]. No que diz respeito a Locke, Kirzner o interpreta como sendo adepto ao silogismo de J. P. Day, que resume a teoria da propriedade em três pontos: "(1) Todo homem tem o direito (moral) de possuir sua própria pessoa; então (2) todo homem tem o direito (moral) de possuir seu próprio trabalho; logo (3) todo homem tem o direito (moral) de possuir aquilo que se envolve no seu processo de trabalho. Aparentemente, Locke parte do pressuposto que, uma vez que um homem tem o direito moral a seu próprio trabalho, tem também um direito moral àquilo que seu trabalho produz "[7]. Isso, segundo Kirzner, aparece "implicitamente na proposição (3)"[8], ou seja, na frase "todo o homem tem o direito (moral) de possuir aquilo que se envolve no seu processo de trabalho".

Kirzner, em suma, contesta, ou melhor, problematiza a ideia lockeana que tudo aquilo que se envolve no seu processo de trabalho se torne propriedade legítima apenas devido ao seu envolvimento com o ato do próprio trabalho. Esta visão legitima a propriedade daquilo que se toma posse (do estado de natureza) somente quando é acrescentado o trabalho, o esforço, o recurso e capital (mesmo que apenas humano) pessoal. Kirzner considera essa defesa da propriedade, do livre mercado e do capitalismo muito frágil, suficiente só para justificar a propriedade do que se produz, mas não também a apropriação dos "recursos naturais não pertencentes a ninguém"[9]. Ele considera

---

5   FRIEDMAN M., *Price theory, a provisional text*, Aldine, 1962, p. 196.
6   KIRZNER, 1975, pp. 1-2.
7   *Ibidem*, p. 5.
8   *Ivi*.
9   *Ivi*.

descritivamente oportuno e normativamente mais forte introduzir a ideia que os indivíduos descubram de forma empreendedora (ação que nesta visão é a essência do empreendedorismo) os recursos naturais e que se tornem legítimos proprietários pelo próprio ato de descobri-los, mesmo que sem agregar o próprio trabalho, tentando assim uma abordagem empreendedora para a propriedade.

Ainda "parece que a noção de trabalho como *sacrifício* – uma noção que pode permitir considerar o produto como mérito do trabalhador no sentido de recompensa pelo sacrifício – é estranha à teoria de Locke. Assim, como observado por Myrdal, a visão de Locke de "que o trabalho é a fonte da propriedade não tem nenhuma ligação com a dor e o sacrifício, mas se trata de uma ideia de trabalho como uma propriedade natural do trabalhador e como causa e agregador de valor"[10]. Ao mesmo tempo, Kirzner deixa em aberto a possibilidade de interpretar Locke de forma diferente, enfatizando não tanto os bens como produzidos fisicamente, mas como resultantes da "vontade humana" com "sua origem nas decisões de empreendimento, e mais que no sentido que ele é obtido a partir dos fatores de propriedade"[11], isto porque ele tenta valorizar o aspecto imaterial da vontade, intenção e a ação empreendedora.

Sobre o estado da arte da comunidade científica, Kirzner reflete: "enquanto um reconhecimento explícito desta visão [a prevalência de decisões de empreendimento] é quase completamente ausente na literatura, é possível encontrar alguma relevância e visões que sugiram 'empreendedorismo' para a justificação da propriedade. [...] A teoria de Kant da aquisição da propriedade através do trabalho via o próprio trabalho quase que irrelevante no ato da

---

10   *Ibidem*, p. 7.
11   *Ibidem*, p. 8.

aquisição. 'Quando se trata da primeira aquisição de uma coisa, o seu cultivo ou modificação através do trabalho nada mais é que um sinal externo que deles se toma como posse[12].

Não é a relação de trabalho com um objeto que faz com que alguém se torne seu proprietário, mas 'a operação transcendental de direcionar a vontade (de alguém) sobre (o objeto).'[13] Inclusive Hegel via na vontade humana a verdadeira fonte dos direitos de propriedade e ainda acreditava que ela fornecia uma justificativa para a aquisição de recursos naturais que é superior àquela dependente da agregação do trabalho"[14] [15].

Por outro lado, W. A. Weiskopf e H. M. Oliver acreditam que as teorias de Locke e Kirzner não estão assim tão distantes. O primeiro, de fato, interpreta a noção de trabalho de Locke como "inseparável e ativa vontade humana do trabalhador"[16]; e o segundo evidencia "que a posição de Locke sobre a propriedade de recursos naturais (que se fundem ao trabalho) se baseia parcialmente na descoberta"[17]. Apesar destas interpretações diferentes, no entanto, para Kirzner é 'difícil conciliar [a noção de trabalho de Locke] com' as outras partes da teoria lockeana. Assim, o filósofo inglês permanece, aos olhos de Kirzner, ligado a uma ideia de propriedade originária principalmente pelo trabalho que se agrega aos recursos naturais"[18] diferentes da sua.

---

12   KANT I., *Philosophy of law*, Edinburgh, 1887, p. 92.
13   SCHATTER R., *Private property. The history of an idea*, Rutgers university press, 1951, p. 256.
14   *Ivi*.
15   KIRZNER, 1975, p. 8.
16   *Ibidem*, p. 9.
17   *Ibidem*, p. 12.
18   *Ibidem*, p. 9.

4.2. A ética do *finder-keeper*, o erro, o valor agregado e as externalidades negativas.

O nexo de alguns possíveis recursos naturais descobertos, mas ao quais não se agrega nenhum trabalho, continua descoberto. Neste caso, de fato, a teoria lockeana não consegue justificar uma propriedade legítima, nem mesmo condenar qualquer tipo de aquisição, na realidade pela simples razão de sobrelevar essa questão. Kirzner, a esta lacuna, contrapõe a ideia de descoberta, a ética do *"finder-creator-keeper"* (achado ou criado não é roubado), um agente social que descobre; enquanto descobre, cria; e enquanto cria, mantem e possui.

A ética do *"finder-creator-keeper"* é explicada em um importante artigo de 1978, cheio de conteúdo e detalhes, escrito em antítese às teorias de Nozick[19]. O autor adjetiva como "brilhante" a defesa nozickiana do estado mínimo, dizendo que "a aceitação dessa teoria, ao que parece, joga fora de uma só vez todos os pedidos de intervenção estatal no mercado que são baseados em supostas reivindicações por justiça distributiva. A elegância persuasiva com a qual Nozick desenvolve a sua posição deixa pouco espaço para questionamento"[20]. Apesar deste aspecto que merece reconhecimento, e embora a teoria de Nozick "seja, sem dúvida, importante para qualquer defesa da moralidade do *laissez-faire*, ela não resolve – pelo menos sem reformulações significativas – as dificuldades que se pode presumir que existam sobre a justiça do mercado". A visão nozickiana baseia-se nos *princípios de justiça* da *original: "aquisição de ações (do estado natural) e a transferência de participações em transações financeiras (ou de mercado)".*[21] Kirzner admite "aceitar a teoria da titularidade

---

19 KIRZNER, 1978.
20 *Ibidem,* p. 9.
21 No original: *"acquisition of holdings (from the natural state)* e do *transfer of holdings in market transaction".*

de Nozick sem ressalvas"[22], ou seja "aquilo que foi adquirido por meio de operações de mercado foi justamente adquirido pela simples razão que tais transações são *voluntárias*"[23].

No entanto, logo depois Kirzner introduz o conceito de erro, que, em sua perspectiva, poria em discussão parte do sistema nozickiano: a possibilidade que algum ator social possa se confundir, errar. "Se o erro *for* suficientemente grave para tornar a troca involuntária, devemos então simplesmente declarar a troca um erro completo e portanto uma operação de mercado não permissível [...], simplesmente uma transferência involuntária"[24]. Kirzner, então, reconhece que trata cientificamente este aspecto por uma razão moral, trazendo assim essa questão do erro porque "a única possibilidade lógica de se defender a ética das transições de mercado é não permitir que os erros que caracterizam mercados em desequilíbrio afetem a voluntariedade das transações realizadas. Os lucros ganhos por empreendedores que exploram os erros dos outros são, deve-se supor, não injustos, como julgado pelo "voluntarismo" de Nozick, termo de comparação para as transferências justas"[25]. Assim, distinguem-se dois tipos de erros: "o erro genuíno" e o "erro deliberado". Este último ocorre quando o ator social está ciente dos riscos, mas decide assumi-los (Kirzner dá o exemplo de quem sabe que as férias poderiam ser frustradas pelo mau tempo, mas ainda assim decide viajar). Em seguida afirma que "uma coisa é saber que se é ignorante e deliberadamente manter a ignorância pelo alto custo de adquirir conhecimento. Outra coisa é ser ignorante simplesmente porque não se tem a menor ideia que se é ignorante, porque não se tem ideia que a informação existe, ou que exista propriamente uma

---

22 *Ivi.*
23 *Ibidem*, p.10.
24 *Ivi.*
25 *Ibidem*, p.12.

coisa imaginável – no contexto relevante – como *informação* [...] A *voluntariedade* de tal decisão precisa ser examinada "[26]. Este seria portanto o erro genuíno.

Obviamente essas conceituações trazem consigo o problema de definir o que se entende por erro "suficientemente grave", quais são os critérios e quais são os limites entre o "grave" e o "não grave". Swedberg também observa que "tanto Mises quanto Kirzner falam de erros de empreendimento, uma noção que claramente merece ser mais desenvolvida no atual debate sobre empreendedorismo concreto"[27]. Talvez ajudasse se se tomasse "voluntário" como "livre", referindo-se exclusivamente ao que não é coercitivo, o que corresponde à ideia de liberdade negativa, a *liberdade de*. Seu oposto literal seria *não voluntário*, mas seu oposto conceitual seria obrigatório. Intencional, por sua vez, poderia referir-se às intenções do agente e não à existência ou ausência de coerção. Seu oposto seria *inintencional*. É difícil, no entanto (correndo-se o risco de uma exegese sempre subjetiva) afirmar com certeza se Kirzner pretendeu dizer "voluntário" para significar "intencional" ou "livre de coerção".

De resto, o ponto fundamental da questão é que, com as ferramentas conceituais fornecidas pelo autor, o que realmente acontece é o seguinte: um agente está prestes a fazer uma troca, voluntária e intencionalmente; durante a troca, no entanto, ele comete um erro (involuntário e não intencional, por definição) e, posteriormente, obtêm um resultado que também é involuntário e não intencional. Nada disso, no entanto, prova que o ator entendeu a troca como não intencional, no sentido de ter sido obrigado a ela. Portanto, seria mais apropriado usar o termo "involuntário" no sentido de "enga-

---

26 *Ibidem*, p.14.
27 SWEDBERG, 2010, p. 23.

no" quanto ao resultado final da troca, e não a natureza, a essência do processo que levou a esse resultado, ou seja, a troca em si mesma.

Neste ponto, Kirzner deixa claro que seu "objetivo é apenas mostrar que existem intuições morais e econômicas plausíveis (implicitamente aceitas) sobre as quais podem ser construídas uma defesa consistente da justiça de mercado"[28]. Ele acrescenta que as teorias de Nozick introduzem e defendem a ideia da justiça da apropriação pela simples descoberta, sem ter que adicionar o seu trabalho. O autor lamenta que, na literatura, "o mero fato que um indivíduo tenha encontrado um rico e valioso depósito de recursos naturais não o autoriza (sem pelo menos algum esforço, algum trabalho agregado ao recurso descoberto) a reclamar como suas, essas propriedades. [...] Para introduzir a noção de "localizadores-keepers", parece ser necessário adotar a visão de que, enquanto um recurso não é encontrado – no sentido relevante dos direitos de acesso e de uso comum – é como se nunca tivesse existido. Sendo assim, parece razoável considerar o descobridor (âncora de recurso "não existente") como *criador*, tendo em vista que ele encontrou esse recurso. Assim, torna-se bastante fácil compreender como o descobridor pode ter reconhecido o direito de manter o que ele 'criou'"[29]. E ainda "deve notar-se que a posse-para-criação é bastante diferente da posse-por-direito-de aquisição da natureza (como o último é indicado, por exemplo, em teoria nozickiana do direito). A posse através da aquisição ocorre sob um *background*, sem a posse de recursos (mesmo quando você está ciente de sua existência). A aquisição é, na verdade, um tipo de transferência (da natureza para o primeiro titular). A propriedade através da criação, no entanto, não inclui qualquer noção de transferência. O descobridor-*maker*

---

28   KIRZNER, 1978, p. 17.
29   *Ibidem*, pp. 17-18.

gera espontaneamente recursos que ainda não existem e, portanto, é visto como o dono natural "[30].

Em seguida, Kirzner admite algumas possíveis dificuldades desta perspectiva, por exemplo, no caso de uma descoberta totalmente casual em "parece possível ver certos tipos de "criação-por-descoberta" que conferem propriedade natural legítima, enquanto com outro critério (em que a descoberta tenha sido *completamente* acidental, ou cuja descoberta veio depois de anos de exaustiva pesquisa), pode-se não estar pronto para reconhecer o real descobridor como o único titular de direito sobre sua descoberta. Certamente, pode-se argumentar, o caso da ética do *finder* que permanece *keeper* requer análises sistemáticas e classificações "[31]. Seguindo essa linha, Kirzner vai se aventurar em um território escorregadio, cheio de detalhes e sutilezas. Por exemplo, quando ele diz: "um proprietário possui apenas os aspectos de sua propriedade dos quais ele é consciente" [32], ideia que Kirzner poderia sistematizar mais aprofundadamente. Mesmo que alguns aceitassem a ideia segundo a qual não se é proprietário de um elemento do qual se desconhece a existência, ainda que inerente à sua propriedade, se exigiria primeiro de tudo um impossível – e sempre criticado por Kirzner – conhecimento perfeito; e, em segundo lugar, no nível institucional a coisa se torna mais complexa, e contemporaneamente a definição se torna mais urgente.

Após estas investigações conceituais o autor parece tomar um caminho diferente, que, no entanto, não aprofunda e depois abandona. Com efeito, considera também a questão da criação de valor agregado. Ou seja, o fato que a ação empreendedora cria um valor agre-

---

30   *Ibidem,* p.18.
31   *Ivi.*
32   *Ivi.*

gado, "tais atividades dirigem o sistema de preços competitivos e criam valor"[33]. Kirzner chega a essa questão percorrendo a estrada de arbitragem. Por exemplo, um agente econômico (no original, "ator social") nota que um determinado produto é comprado por 3 e vendido por 5, mas que os consumidores estão dispostos a pagar até 8. Assim entra no mercado, compra o mesmo produto por 5 e o vende a 8. "Pode-se argumentar que ele criou esse valor agregado. [...] Pode-se considerar que o empreendedor tenha "criado" este valor adicional [...] Sob esse ponto de vista, o empreendedor não acrescenta nada ao processo produtivo, pelo contrário, está atento a possibilidades para a produção já existente. Ele não fornece qualquer "serviço" de gestão ou de outro tipo. [...] Vemos o empreendedor como "criador", não como produtor físico, mas no sentido estrito de descobrir uma oportunidade disponível"[34], em se tratando assim de um "novo valor" criado pelo empreendedor em um contexto de livre mercado, que é definido como "o processo de contínua *criação de valores* líquidos"[35]. Esta é uma perspectiva interessante, diametralmente oposta àquela marxista da expropriação do excedente e do lucro proveniente do empreendimento como uma renda residual; rica perspectiva de implicações éticas e políticas.

Há ainda outra questão igualmente importante: aquela que diz respeito à possibilidade que a aquisição ou não de uma propriedade até então desconhecida cause danos a terceiros, i.e., o problema das externalidades. Nozick utiliza a "cláusula lockeana": *"enough and as good left in common for others"*[36], isto é, que "a situação do outro não se torne pior"[37]. Kirzner no entanto se pergunta se "é verdade que,

---

33   TOLLISON, D., "Rent Seeking: A Survey," *Kyklos*, vol. 35, 1982, p 577. No original: *"such activities drive the competitive price system and create value"*.

34   KIRZNER, 1978, p. 19.

35   *Ibidem*, p. 20

36   LOCKE, *An essay concerning the true origin, extent and end of civil government*, Capítulo V, seção 27, 1690.

37   KIRZNER, 1978, p. 23, citando Nozick R., *Anarchy, State and Utopia*, New York, Basic Books, 1974, p. 175.

quando um descobridor se apropria de todo um depósito de recursos limitados, está *piorando* a situação de outras pessoas para as quais este depósito era completamente desconhecido e 'não-existente'? Esta pergunta parece, muito claramente, levar a uma resposta negativa". Enquanto "para Nozick, a apropriação de um objeto logo após a sua descoberta pode piorar a situação de quem (possivelmente nas gerações seguintes) 'iria' encontrar o objeto para si. Mas a nossa ideia sobre a descoberta 'de criação' sugere que [...] foi o primeiro indivíduo a ser o 'criador', e não esse último. Deve ser defendido que a ética do descobridor-criador, descobridor-titular não pode reconhecer qualquer pretensão de quem *poderia* 'criar' – mas na verdade não o fez-[38].

Kirzner se opõe a esta visão porque "a aceitação da ética descobridor-criador/ descobridor-titular dá o direito de título ao descobridor-criador não é no sentido negativo (que esse título não implica qualquer injustiça com os outros), mas no sentido positivo, que a justiça exige que o "criador" seja reconhecido como o proprietário do que ele "criou" [...] Nessa perspectiva da ética da "criação" fica claro também que a cláusula de Locke não tem necessariamente relevância sobre a descoberta. Se a *justiça exige* que o "criador" de um objeto seja reconhecido como seu proprietário, então isso permanece estabelecido a despeito de poder piorar a situação de outros (que poderiam, por exemplo, descobrir o objeto por si mesmos) "[39]. Este é um Kirzner que trata de maneira complexa a respeito das dúvidas precedentes sobre a titularidade da descoberta acidental e/ou incremental feita explorando o esforço anterior de outros. Ao mesmo tempo é um Kirzner radical que reivindica a justiça da propriedade mesmo quando isso possa, eventualmente, significar externalidades negativas para outrem.

---

38   *Ivi.*
39   *Ibidem,* p. 24.

Por fim, Kirzner sintetiza dizendo que "tentou demonstrar que todas as transações de mercado podem não implicar de fato em um consenso imperfeito. Isto foi baseado na ideia que todos os frutos do empreendedorismo refletem não a exploração do erro, mas a criação (ou seja, a "descoberta") de um novo valor. Ao mesmo tempo, isso não pode ser visto, por si só, como *justificativa* para todos os ganhos deste tipo, posto que alguém pode não querer reconhecer como justo, quando, sob *todas* as possíveis circunstâncias, *cada* descobridor se torna um proprietário"[40].

Na realidade, Kirzner reconhece que "os lucros resultantes do empreendedorismo podem facilmente violar vários modelos de justiça distributiva que alguém pode esperar proporcionar"[41], mas, ao mesmo tempo, ele contrapõe com sua visão, de acordo com a qual "a aceitação da ética do descobridor-titular e a intuição econômica sobre a descoberta empreendedora [...] afastam as dificuldades que cercam a justiça de transações de mercado em desequilíbrio"[42]. Acerca das transferências de mercado, diz de forma radical que "elas são justas sob este ponto de vista, porque ninguém aceita voluntariamente uma transação a não ser porque ela representa uma troca satisfatória para o que a própria pessoa acredita estar abrindo mão"[43].

Sobre a aquisição pelo estado de natureza, sobre a descoberta-criação de uma dada oportunidade e sua tomada de posse, o autor conclui que a sua ética *finder-keeper* "pode esclarecer os pressupostos capitalistas sobre a justiça da propriedade privada e a justiça do lucro fruto do empreendedorismo puro. Mas [...] a regra de *finders-keepers* deixa sem resposta uma série de perguntas incômodas. [...]

---

40   *Ibidem*, p. 21.
41   *Ibidem*, p. 12.
42   *Ibidem*, p. 19.
43   *Ibidem*, p. 20.

Por exemplo, os termos *"discovery"* ou *"finding"*. Eu não pretendo realmente dizer que o primeiro descobridor de um recurso deve ser declarado seu legítimo proprietário, mesmo que ele não tenha levantado um dedo para tomar posse daquilo que encontrou ou descobriu. (Na verdade, costumo dizer que, quando alguém descobre um recurso sem dono mas não toma posse, isso sugere que ele *não* descobriu realmente seu verdadeiro valor. O primeiro a tomar posse, em minha opinião, deve ser reconhecido como aquele que primeiro descobriu o genuíno valor econômico do recurso sem dono) "[44].

Finalmente, o autor reconhece certa limitação de sua teoria: "A regra de *finders-keepers*, ainda que possa realmente servir como um alicerce sobre o qual a lei se situa, não pode contribuir muito para a formulação de diretrizes específicas para implementar os princípios gerais subjacentes à aquisição original"[45].

4.3. Gênese, natureza e moralidade do lucro.

Para Kirzner, a questão central sobre a justiça distributiva é o lucro. É por isso que ele dedica um amplo espaço e analisa mais chaves interpretativas: aquela cujo lucro que nasce da necessidade e se realiza assumindo riscos; e aquela cujo lucro nasce da sorte, do acaso.

Para F. B. Hawley, por exemplo, a função do empreendimento é assumir riscos, o lucro puro decorre da necessidade e é "o prêmio econômico por serviços realizados assumindo o risco industrial. [...] É importante, Hawley acredita, não confundir este prêmio e incentivo com o montante que alguém temendo o risco paga para

---

44 KIRZNER, 1989, pp. 171-172.
45 *Ibidem,* p. 173.

se prevenir contra o risco de perdas. [...] A produção não ocorre, a menos que o empreendedor possa ser induzido a assumir riscos. [...] Os riscos não serão assumidos sem a expectativa de uma compensação maior do que o valor presente de risco"[46]. Kirzner limita-se a fazer sua a crítica de Knight, que "aponta sua [do ponto de vista de Hawley] fraqueza central. Hawley presume que o valor presente do risco assumido é conhecido pelo empreendedor"[47].

John Bates Clark, por outro lado, fundamenta sua visão sobre a contribuição que cada homem dá em um sistema capitalista: "cada participante do processo produtivo do sistema de mercado recebe o valor total da sua contribuição produtiva marginal"[48]. Para Clark "era axiomático que a justiça não poderia pedir mais do que o fato que cada proprietário de recurso receba o valor de mercado que ele e seus recursos produziram"[49]. Ele acreditava que demostrando a justiça no modo de distribuição baseada na produtividade marginal, teria também implicitamente justificado qualquer afastamento decorrente de uma distribuição igualitária dos rendimentos. A defesa de Clark da justiça capitalista consistia, em essência, em mostrar que cada recurso usado pelo empreendedor capitalista leva a um preço justo (medindo esta justiça com o valor da contribuição produtiva), [...] mas permaneceu em silêncio completo acerca de dois aspectos éticos cruciais da economia capitalista: a) a origem do justo título de propriedade sobre os recursos; b) a legitimidade do lucro econômico puro.

Como observado acima, Clark não mostra curiosidade alguma sobre a origem da propriedade [...] Seria possível aceitar plenamen-

---

46   KIRZNER,, *The driving force of the market. Essays in Austrian economics*, Routledge and New York, 2000, p. 110.
47   *Ibidem*, p. 111.
48   KIRZNER, *Discovery, private property and the theory of justice in capitalist society*, 1990, p. 210.
49   *Ibidem*, p. 211.

te a defesa de Clark no que diz respeito às funções, mas depois se estabelece sua irrelevância sobre a injustiça fundamental do título privado sobre dados recursos da natureza [...]. Clark não era obrigado a tratar o lucro puro, porque ele havia restringido sua demonstração no mundo do equilíbrio estático [...]. O lucro puro deve, a partir da perspectiva clarkiana, levantar sérias questões econômicas e éticas. Tal lucro parece injustificado tanto econômica quanto eticamente. Não parece haver nenhuma explicação econômica para a capacidade do empreendedor de captar qualquer diferença entre *inputs* e *outputs*"[50].

Para F. H. Knight, no entanto, os lucros são causados pela incerteza dos mercados em desequilíbrio, no mundo real imperfeito, mas também pelo "juízo empreendedor (que, para Knight, parece referir-se ao juízo necessário para sair com sucesso da rotina de gestão em um mundo incerto) e por puro acaso"[51]. Kirzner finalmente encontra uma confirmação literal para a sua ideia de preeminência da ação-juízo de empreendedorismo, mas acusa Knight de não ver "os lucros como valor de mercado oferecido em troca do cumprimento de uma preciosa função social do empreendedor"[52]. Seguindo a perspectiva knightiana, "se é, portanto, ainda incapaz de ver como isso torna legítimo o ganho de um lucro"[53].

Para Schumpeter, no entanto, os lucros são criados pela inovação empreendedora, e "não é tanto uma questão de originalidade ou de genialidade da invenção, mas de poder e determinação para "colocar a mão na massa", para pôr em prática as invenções que os outros podem ver assim como ele [o empreendedor] pode.

---

50 *Ibidem,* pp. 211-212.
51 KIRZNER,, 2000, p. 112.
52 *Ibidem,* p. 113.
53 *Ibidem,* pp. 113-114.

[...] Risco e incerteza nada têm a ver com o lucro (embora ele não negue que a atividade de empreendimento é inseparável da exposição à incerteza).

Schumpeter acreditava que o risco associado com a aventura empreendedora compete ao capitalista e não ao empreendedor. Os lucros de inovação não são um prêmio pago pelo mercado, mas um ganho criado por tirar a economia de sua rotina. A semelhança entre a interpretação de Schumpeter da natureza dos lucros e aquela de J. B. Clark é óbvia"[54]. "O que distingue a visão schumpeteriana do lucro puro daquela de Clark parece ser exclusivamente uma questão de nuances. Clark não parece enfatizar, como faz, o caráter *intencional* da criação de lucro; em vez disso ele enfatiza, mais do que Schumpeter, a natureza momentânea de lucro, observando (como já vimos) que é apenas *"economic friction",* que de alguma forma impede o seu desaparecimento. [...] A teoria de Clark resolve o problema do que gera o lucro: os lucros são causados pelas fricções econômicas que impedem o desaparecimento imediato (através da atividade competitiva) dos lucros inicialmente gerados pela mudança dinâmica"[55]. Kirzner também nota a importância diferente dada pelos dois autores para suas respectivas teorias do lucro, sendo que a teoria do lucro de Clark era "nada mais do que uma nota de rodapé" em sua análise de uma economia estática de equilíbrio perfeito, enquanto "a teoria da inovação do empreendedorismo de Schumpeter, por outro lado, era o elemento central na compreensão do processo capitalista"[56].

Kirzner analisa por fim a concepção misesiana de lucro, à qual é provavelmente mais próximo. Para Mises, o lucro proveniente do empreendedorismo é devido ao julgamento superior de algum em-

---

54   *Ibidem,* p. 114.
55   *Ibidem,* p. 115.
56   *Ivi.*

preendedor sobre o futuro sempre incerto: "um empreendedor pode tirar lucro apenas se antecipa condições futuras mais corretamente que os outros empreendedores"[57]. As oportunidades de lucro surgem, uma vez que a visão humana é imperfeita[58]. E com relação às implicações éticas dessa perspectiva, "na maioria de suas obras Mises nunca se confrontou com os questionamentos daqueles que colocariam em discussão a justificativa moral do lucro puro. Foi o suficiente indicar as consequências de riqueza e bem-estar do processo de mercado guiado pelo empreendedor". Nas raras ocasiões em que ele examinou esses questionamentos morais sobre o lucro, Mises os rejeitou. "Não há outro padrão do que é moralmente correto e moralmente incorreto dos efeitos produzidos pela conduta sobre a cooperação social"[59][60].

Desta forma, o autor revela uma melhor forma de lidar com a questão ética – aquela consequencialista – de definir o que é certo e o que é errado com base nas consequências e não tanto em um juízo de valor sobre o fato em si. O autor, no entanto, afasta-se dessa abordagem (implícita e explicitamente) várias vezes, tentando modelar as explicações de modo a ser compatível com a defesa dos valores claramente importantes para ele, tratando, de forma sistemática, questões particularmente suscetíveis a esta abordagem.

É certamente possível dizer que na mesma linha de Kirzner se situa Ubiratan Jorge Iorio, quando afirma que "o que precisa ser entendido é que não existe, numa economia de mercado onde não há barreiras legais para a concorrência, nenhum indício de

---

57   MISES 1949, p. 291.
58   KIRZNER, 1989, p. 63.
59   MISES, 1952, p. 145.
60   KIRZNER, 1989, p. 64.

imoralidade nos lucros, uma vez que os empreendedores oferecem aos consumidores algo que eles querem comprar; se isso não acontecer, eles irão acabar em ruínas. De fato, em uma economia de mercado, os lucros são obtidos pelos empreendedores que, correndo riscos durante e através do processo de descoberta que caracteriza os mercados, são capazes de atender aos consumidores, que são, em última análise, aqueles que controlam o processo. Se, no entanto, os mercados não são livres, são caracterizados pela existência de "cartórios", devemos atribuir a imoralidade dos lucros resultantes não aos mecanismos de mercado, mas à sua ausência, isto é, à existência de uma legislação que impede a concorrência, o que significa que devemos atribuir a imoralidade não ao mercado, mas ao estado, que é responsável pela legislação"[61].

Mesmo assim, em conclusão, o lucro "adquire um fundamento ético e uma justificativa social evidente. Por outro lado, no contexto neoclássico de equilíbrio geral e simultâneo, a indenização para o empreendedor (que deve ser distinguida da remuneração do fator capital) não se justifica, sendo comparada a uma espécie de apropriação indevida do eventual excedente produzido. Em um mercado perfeitamente competitivo isso é, de fato, uma grandeza residual, da qual nenhum agente pode reivindicar qualquer direito de apropriação. Por outro lado, a permanência no tempo de um lucro positivo sinaliza uma anomalia, porque indica a ausência de equilíbrio concorrencial, falhas do mercado"[62].

---

61 IORIO, *Falhas de mercado" versus falhas de governo*, http://www.ubirataniorio.org/antigo/falhas.pdf
62 BARON e PASSARELLA, 2011, p. 16.

4.4. A "arbitrariedade moral" do acaso.

Kirzner admite que o que para ele é o fulcro de todo o sistema social – o estado de alerta – poderia não implicar concentração e esforço. Ressalta que a literatura interpreta o que recebe uma pessoa ou como o resultado de um plano deliberado e laborioso ou como o resultado de puro acaso. Assim, baseando-se na "intuição miseana"[63] propõe uma "terceira alternativa. Uma situação desejada pode ser obtida não como resultado de um plano de produção deliberado, e não como resultado do acaso difuso, mas *como o resultado de uma descoberta perceptiva feita por um ser humano*"[64]. Trata-se de "uma característica totalmente diferente daquela implementada pelos descobridores. Um ato de descoberta, mesmo que seja um ato de produção deliberada, é uma expressão de motivação e alerta humano. O que foi descoberto poderia nunca ter sido encontrado"[65]. E o que leva à descoberta não é "uma série inverossímil de felizes coincidências, mas sim a natural disposição do empreendedor em aproveitar as oportunidades de lucro (ou em prever o perigo de uma possível falência) "[66]. Então, ele pergunta retoricamente: "Mas se assim for, isso não quer dizer, talvez, que se pretenda conferir justo título de propriedade a quem tem como pretensão moral sobre ela [a descoberta de uma oportunidade], aquela de ser o beneficiário de uma difusa boa sorte?"[67].

Quem introduz a questão do acaso (ou sorte) é Knight, para quem os lucros são causados pela incerteza dos mercados em desequilíbrio no mundo real imperfeito, mas também pelo "juízo empreendedor (que para Knight parece referir-se ao juízo necessário

---

63 KIRZNER, *The Morality of Pure Profit The Logic and Illogic of a Popular Phobia*, 1993.
64 KIRZNER, *Discovery, private property and the theory of justice in capitalist society*, 1990, p. 9.
65 *Ibidem*, p. 10.
66 BARON e PASSARELLA, 2011.
67 KIRZNER, 1989, p. 161.

para sair com sucesso da rotina de gestão em um mundo incerto) e por puro acaso"[68]. De acordo com Kirzner, "pareceria altamente plausível para um crítico afirmar que o empreendedor não tenha direito algum referente aos fortuitos lucros que se ganha desta forma. (O próprio Knight poderia ter sentido a vulnerabilidade do empreendedor em relação aos prejuízos causados pela má sorte empreendedora, tornando de alguma forma errado permitir que se mantenha a renda fruto da boa sorte)"[69]. Aos olhos de Kirzner, no entanto, Knight "não está interessado e não fornece nenhuma pista para a solução do problema ético"[70] do lucro e da propriedade.

Kirzner procura esclarecer este aspecto fortuito e aleatório (acaso) do lucro, utilizando o modelo de economia isolada de Robinson Crusoé. Se Crusoé tivesse uma árvore que desse frutos e ele estivesse ciente disto, não haveria um lucro empreendedor puro, uma vez que os meios e os fins são dados a princípio. Neste caso, a ação apenas exigiria a maximização robbinsoniana. Se Crusoé fosse surpreendido pelo aparecimento dos frutos, não haveria qualquer lucro empreendedor puro, mas simplesmente um ganho gratuito, porque não foi necessária nenhuma ação individual. Quando se tem uma ação, como a de Crusoé que sobe numa árvore para ver o mar e descobre, sem querer, a existência de frutos, você não tem lucro, uma vez que o ganho ocorreu por acaso. Nenhum desses casos inclui "imaginação, iniciativa ou determinação empreendedora"[71].

O lucro surge apesar da presença de erros. Considerando o caso em que Crusoé começasse a construir um barco em vez de pescar com as mãos, o autor não se limita ao aspecto da poupança e do

---

68 KIRZNER,, 2000, p. 112.
69 *Ibidem,* pp. 113-114.
70 *Ibidem,* p. 113.
71 KIRZNER, *Perception, opportunity and profit,* 1979, p. 161.

investimento como faz Böhm-Bawerk com o mesmo exemplo, mas concentra-se no elemento empreendedor da decisão de mudar de atividade. Isto não pode ser explicado por meio do cálculo de maximização condicionado a uma dada estrutura. Ao pôr a pergunta em termos de novos conhecimentos que se desenvolveram pela construção do barco, pode-se explicar a questão como um ganho a partir da natureza das coisas – ou novos conhecimentos – que foi seguido pela maximização ordinária (a nova atividade que gera novos conhecimentos), não envolve lucro absoluto. Mas um ganho a partir da natureza das coisas não envolve ação humana de modo empreendedor, "age por intuição"[72]. Para Kirzner, o lucro nasceu como resultado da ação humana que implementa a ideia empreendedora.

Kirzner logo nega que os eventos "ocorram inteiramente devido à arbitrariedade moral da boa sorte difusa. [...] Boa sorte apenas não é suficiente para nos dar essas coisas boas"[73]. "Deve-se também reconhecer que o acaso por si só pode realmente ser responsável propriamente pela existência da oportunidade-que-espera-ser-descoberta. Certamente o descobridor de uma oportunidade atraente pode se considerar sortudo em estar no lugar certo, na hora certa. Mas, na medida em que estar no lugar certo e na hora certa não garante por si só que o indivíduo realize a sua própria boa sorte, queremos enfatizar que a sorte não pode ser considerada responsável pela descoberta da oportunidade"[74].

O autor é bem consciente que "para alguns, olhar com desconfiança a boa sorte do descobridor e resmungar sobre a arbitrariedade moral da "Dona Fortuna" a favor do descobridor e não para todos os outros não é diferente daquilo que fazem os que não tenham escrito

---

72   *Ibidem*, p. 168.
73   KIRZNER, 1989, p. 162.
74   KIRZNER, 1990, p. 11.

livros emocionantes e de tirar o fôlego ao se lamentar dizendo que *poderiam* ser os pioneiros deste gênero"[75]. A estas visões Kirzner respondeu com firmeza: "Mas o fato é que outra pessoa escreveu o livro, e não eles; eles não podem ter qualquer pretensão sobre o livro escrito por outra pessoa; tal pessoa determinada o criou, não um outro. [...] Eu sustento que o simples fato que aqueles que se lamentam sobre a arbitrariedade moral da sorte (mesmo se considerarmos que a sorte os tenha favorecido e que eles puderam tirar proveito dela) não colheram a oportunidade afortunada. [...] Depois que os benefícios da sorte são levados em conta, o descobridor do sucesso é verdadeiramente a real origem do seu próprio sucesso. Se não fosse seu estado de alerta, a boa sorte iria rapidamente para além do seu alcance. O descobridor não deve se desculpar por qualquer arbitrariedade moral em sua descoberta; em última análise, ele, e somente ele, criou o seu sucesso"[76]. Um indivíduo descobriu uma dada oportunidade graças ao seu estado de alerta e "não pode ser tratado meramente como o afortunado beneficiário da boa sorte"[77].

Como mencionado sobre Rawls, a sorte se expande também em outro momento da vida humana, a chamada "arbitrariedade moral da loteria genética, que garante talentos humanos superiores aos indivíduos nascidos mais afortunados do que a outros." Sobre este aspecto, Kirzner acredita que não seja "completamente claro em qual maneira um teórico da titularidade poderia definir como sendo justa a loteria genética [...]. O que agora devemos reconhecer é que a boa sorte, em sua versão da distribuição genética e sociocultural, nunca é por si só suficiente para garantir que o beneficiário realmente aproveite aquilo que a sorte colocou diante dele. Isso exige intuição empreendedora, talento, habilidade, caráter e até

---

75   KIRZNER, 1989, p. 162.
76   *Ivi.*
77   KIRZNER, 1990, p. 10.

mesmo beleza e força física"[78]. E finalmente, em uma forma ainda mais acentuada, "se a descoberta deve ser atribuída inteiramente à pura sorte, consequentemente o anterior *fracasso* em descobrir (o que foi descoberto mais tarde) deve ser atribuído como resultado da má sorte"[79].

4.5. Mentalidade antiliberal: ignorância e inveja.

Kirzner trata todas essas questões distintas também porque acredita que o julgamento que cada um de nós oferece a partir dos acontecimentos político-econômicos tem algo a ver com o conhecimento e a compreensão da lógica "econômica" *latu sensu*, com a ética, a moral e também com a psicologia (de quem emite esses julgamentos). Argumenta que desempenham um papel importante tanto a ignorância quanto a inveja, afirmando: "sem dúvida existem razões amplamente razoáveis, na psicologia da inveja, sobre o fenômeno perpétuo e invencível da ignorância econômica, pela contínua e generalizada suspeita sobre o lucro empreendedor puro"[80], e revela assim a importância desses aspectos já que "se se acredita que uma aceitação geral da legitimidade do lucro puro é uma condição necessária para a capacidade de uma sociedade em desfrutar das vantagens do crescimento desenfreado capitalista, então essas questões não são vãs. Poderiam ser muito importantes para o bem-estar de longo prazo das economias modernas"[81]. Uma vez que para Israel Kirzner "é certamente um tributo à extraordinária vitalidade e poder do sistema de mercado que a despeito de

---

78   KIRZNER, 1989, p. 163.
79   KIRZNER, 1990, p. 10.
80   KIRZNER, *The Morality of Pure Profit The Logic and Illogic of a Popular Phobia*, 1993, p. 316.
81   *Ivi.*

tanta desconfiança, e apesar das maciças e obsoletas intervenções estatais incapacitantes (amplamente derivadas dessa mentalidade anticapitalista), o sistema continua ainda a sustentar uma divisão do trabalho extremamente complexa e gerar um alto fluxo de bens e serviços sem precedentes. Por quanto tempo isso continuar, apesar da falta geral de confiança na eficiência e moralidade do sistema, deve seriamente causar problemas para aqueles que estão preocupados com a sobrevivência do sistema"[82].

Mas como ocorre então que uma sociedade apoie majoritariamente uma ideologia ou outra? Qual é o processo pelo qual isto acontece? Todos os indivíduos aceitam determinadas ideias, interpretações e posições contemporaneamente ou em momentos diferentes? E se isso vier a acontecer em momentos diferentes, alguns influenciaram e convenceram os outros, ou não? E ainda, se alguém influência uma outra pessoa, quem está influenciando quem? Por exemplo, é a *intelligentsia* que influencia a opinião pública ou são os intelectuais a seguirem essa última? Estas são as perguntas que os autores que lidam com a comparação entre liberalismo e estatismo se puseram, muitas vezes até implicitamente, e às quais responderam de forma explícita.

Partindo do pressuposto que o papel dos intelectuais "consiste acima de tudo em identificar as limitações e deficiências da sociedade na qual vivem e de propor soluções adequadas e do momento no qual esta função é reconhecida – especialmente nas sociedades liberais onde os intelectuais têm uma importância social efetiva –, é normal que eles manifestem um posicionamento crítico em relação às características essenciais desta sociedade: o liberalismo e o seu companheiro de viagem, o capitalismo"[83]. Para o nosso autor,

---

82 KIRZNER, 1974, p. 1.
83 BOUDON, 2004, p. VII-VIII.

parece que são (eram?) os intelectuais que influenciam a opinião pública. Torna-se evidente quando ele fala sobre a "impotência do público para resistir a esses ataques", e da "opinião pública ter sido moldada". "A capacidade do mercado de servir à sociedade foi e é continuamente minada pelos ataques que partem de seus oponentes ideológicos e da impotência do público em resistir a esses ataques. A opinião pública foi moldada em uma direção completamente contrária a uma orientação de mercado. A "mentalidade anticapitalista" tem permeado o pensamento das massas – justamente os principais beneficiários do mercado – a partir dos intelectuais e cientistas sociais dos quais se poderia esperar que fossem seus principais intérpretes e expoentes, bem como dos empreendedores e líderes empreendedores que compõem a sua ferramenta central"[84].

Nisso, Kirzner concorda com Hayek quando este, ainda mais claramente, argumenta que "nunca, em lugar nenhum, o socialismo foi um movimento da classe trabalhadora. De nenhuma maneira ele é um remédio óbvio para os males evidentes que aquela classe necessariamente demandará. É uma construção dos teóricos, decorrentes de certas tendências do pensamento abstrato com as quais somente os intelectuais são familiarizados há longo tempo [...]. Em cada país que se move em direção ao socialismo, o estágio de desenvolvimento no qual o socialismo se torna uma influência dominante foi precedido por vários anos nos quais os ideais socialistas governaram o pensamento dos intelectuais mais ativos"[85]. E ainda: "uma vez que a parte mais ativa dos intelectuais foi convertida por um conjunto de crenças, o processo pelo qual elas se tornam geralmente aceitas é quase automático e inevitável"[86].

---

84 KIRZNER, 1974, pp. 1-2.
85 HAYEK, 1949, [1960], p. 371.
86 *Ibidem,* p. 374.

Mesmo autores distintos como Rothbard e Schumpeter pensam da mesma maneira. O primeiro vê um movimento no sentido descendente entre intelectuais e a opinião pública, onde "as massas de homens não criam suas próprias ideias, ou pensam de forma independente através dessas ideias; eles seguem passivamente as ideias adotadas e disseminadas pelo corpo de intelectuais"[87], chamados de "moldadores-de-opinião". E Schumpeter diz claramente: "na política, a natureza humana, sendo o que é [políticos], é capaz de lançar moda e, dentro de limites muitos amplos, até mesmo 'criar' a vontade do povo. O que enfrentamos na análise de processos políticos em grande parte não é genuíno, mas uma vontade fabricada. A vontade do povo é o produto e não a força motriz do processo político"[88].

E sobre essa comunhão de intelectuais e homens comuns em sentimentos, emoções e instintos, há quem fale das paixões, como Kirzner o faz a propósito da inveja: "os intelectuais não são diferentes dos meros mortais, não estão livres da lógica das paixões. Na verdade, eles estão mais ansiosos por explicações, enquanto querem reduzir dentro de si mesmos a área do inconsciente. O maniqueísmo ameaça sempre a explicação política"[89].

Uma "compreensão da natureza e da origem dessa mentalidade é, portanto, de importância crucial. Se essa mentalidade deve ser dissipada, suas principais características precisam ser evidenciadas, e suas fontes identificadas"[90]. "Nada pode ser mais importante do que tentar compreender a fonte desse erro de modo que se seja ca-

---

87 ROTHBARD, 2009, p. 20.
88 SCHUMPETER J., *Capitalism, Socialism and Democracy*, 1994, Routledge, p. 263. No original: *"human nature in politics being what it is {politicians} are able to fashion and, within very wide limits, even to create the will of the people. What we are confronted with in the analysis of political processes is largely not a genuine but a manufactured will. The will of the people is the product and not the motive power of the political process"*.
89 Aron R., *L'oppio degli intellettuali*, La biblioteca di Libero, Roma, 2005, p. 327.
90 KIRZNER, 1974, pp. 1-2.

paz de contrapô-lo. No entanto, aqueles que são geralmente vistos como os representantes da ordem existente e quem quer que acredite compreender os perigos do socialismo estão geralmente muito longe dessa compreensão. [...] E tendem a empurrá-los [os socialistas] ainda mais no sentido da oposição à ordem existente"[91].

"Quase quatro décadas atrás, Hutt analisou brilhantemente as causas não tanto da existência da mentalidade anticapitalista em si, mas da surpreendente incapacidade dos economistas de influenciar a opinião pública na direção da apreciação das operações benéficas do processo de concorrência no mercado. Mais recentemente, Mises, assim como Stigler, procuraram explicar o surgimento de uma forte antipatia em relação ao sistema de mercado demonstrada por tantas pessoas, incluindo os intelectuais dos quais se poderia esperar fossem seus defensores mais entusiasmados"[92].

Kirzner tenta desse modo "identificar três distintos níveis dessa mentalidade que requerem uma análise: *Primeiro*, notam-se as objeções levantadas explicitamente pelos críticos do capitalismo [...] e a fraqueza das bases analíticas – em um *Segundo* nível – das críticas. *Terceiro*, notar-se-ão as atitudes profundamente enraizadas que inspiraram as várias formas de mentalidade anticapitalista"[93]. No entanto, apesar de considerar vários aspectos, não deixa de questionar como as razões mais enraizadas fazem apelo à ordem do tipo emocional, mais do que por assim dizer "racional". "Tudo que é defendido, denúncias específicas do capitalismo, quaisquer que sejam os erros de análise econômica que estejam implícitos nestas denúncias, uma acurada compreensão da mentalidade anticapitalista não pode evitar de surgir fundamentalmente confrontando os

---

91   HAYEK, 1949, [1960], pp. 371-84.
92   KIRZNER, 1974, p. 2.
93   *Ivi.*

preconceitos estabelecidos e os hábitos do pensamento mais profundamente enraizados, seja consciente ou inconscientemente, responsáveis pela antipatia devotada ao sistema de mercado"[94].

É evidente a espontaneidade e a boa-fé daqueles que acreditam na veracidade das teorias combatidas por Israel Kirzner. Esta é outra grande diferença em relação a Rothbard, que não acredita que os intelectuais estejam de boa-fé ou tenham boas intenções na adoção de certas teorias e posições. Ele acredita que eles sejam parte interessada e, uma vez que "uma característica das massas é geralmente não se interessar pelos mesmos problemas dos intelectuais", que serão "agradavelmente recompensados pelo importante papel que desempenham" graças ao fato que "o estado, por outro lado, está disposto a oferecer aos intelectuais um lugar seguro e permanente no aparato do estado; e portanto uma renda estável e uma aura de prestígio"[95]. Assim, "as massas jamais saberão da inexistência das roupas do rei"[96]. Kirzner, no entanto, posiciona-se distintamente e não fala em má-fé, seguindo assim a linha de Hayek, que argumenta explicitamente que "não se trata nem de interesse pessoal nem de más intenções, mas principalmente de convicções honestas e boas intenções que determinam a visão dos intelectuais. Na verdade, é preciso reconhecer que, atualmente, o intelectual típico, quanto mais guiado por boas intenções, mais provavelmente será um socialista"[97]; em suma, o que R. Boudon chama de "ética das boas intenções"[98].

Boas intenções, no entanto, não são suficientes para Kirzner. Ele argumenta que um aspecto muito importante é a ignorância. A ignorância (desconhecimento) de como funcionam na realidade os sis-

---

94   *Ivi.*
95   ROTHBARD, 2009, p. 21.
96   *Ibidem,* p. 26.
97   HAYEK, 1949, [1960], p. 375.
98   BOUDON, 2004, p. 39.

temas econômico-políticos. Uma "persistente ignorância a possível relevância de uma ética do *finder-keeper*, à qual pode ser atribuída a incapacidade de compreender [...] a verdadeira natureza do processo de concorrência do mercado"[99]. Ainda que "este tipo de ignorância possa ser responsável pela manutenção de uma ampla condenação do lucro puro é tão deprimente quanto encorajador"[100]. No entanto, apesar de tudo isso, Kirzner não deixa de notar que "é possível que alguém aceite uma ética de *finder-keeper*, compreenda a sua natureza de descoberta e ganhos decorrentes do empreendedorismo e ainda assim criticar a sua justiça. Isso poderia ser feito denunciando, com bases éticas, a própria ideia de 'ganho como resultado da ignorância de outros' [...] Um crítico poderia argumentar que o ganho obtido tão-somente através da falha deliberada de tornar os outros conscientes daquilo que eles mesmos "deveriam" saber, foi obtido de forma antiética"[101]. Entretanto, parece que para o autor este argumento poderia ter base ética, mas não política. Ou seja, pode-se julgar negativamente quem obtém um tipo qualquer de ganho desta maneira, mas proibi-lo por lei é uma coisa muito diferente.

Retorna assim para explicações de ordem emocional: "Nós já ressaltamos como a inveja é, com certeza, uma das explicações mais plausíveis para a atitude de repulsa de puro lucro. [...] Isso tem a ver com a tendência psicológica observada na literatura recente, pelas pessoas, em tratar a situação existente como aquela *normal*"[102]. Para Mises, por exemplo, "as ideias da grande maioria das pessoas ignorantes são guiadas exclusivamente pelas paixões humanas da inveja e ódio"[103], e é por isso que "eles [os intelectuais] odeiam o capitalismo, porque ele concedeu a esse outro homem [o empresário]

---

99   KIRZNER, *The Morality of Pure Profit The Logic and Illogic of a Popular Phobia*, 1993, p. 322.
100   *Ivi.*
101   *Ivi.*
102   KIRZNER, 1993, p. 324.
103   MISES, 1994 [1972], p. 34.

a posição que eles mesmos desejavam ocupar"[104], e " tornando-se conscientes da sua inferioridade, sentem-se humilhados", uma vez que em um sistema livre, "o princípio *a cada um segundo os próprios resultados*" não permite qualquer desculpa"[105], e portanto "têm de engolir a humilhação e direcionar a cólera rumo a um alvo secundário. Eles incriminam a organização econômica da sociedade, o nefasto sistema capitalista"[106].

Nesta perspectiva, portanto, há uma opinião negativa geral acerca do liberalismo, da economia de livre mercado, das atividades empreendedoras. Parece que "o empreendedor levanta suspeitas entre os conformistas. Ele rompe com a norma. A maioria da comunidade vê o empreendedor aspirante como desrespeitoso, arrogante, desleal para com as instituições honradas há tempos; um oportunista, ou pior. Responde-se a seus eventuais fracassos com a indignação vingativa: "eu avisei".

O sucesso do empreendedor, por outro lado, confunde as pessoas. As massas que trabalham tão diligentemente como sempre, respeitando as convenções, não podem entender por que a demanda por seus produtos está desaparecendo, tornando-os mais pobres, enquanto o empresário é seguido por um enxame de clientes, tornando-se rico... Neste ponto, as pessoas da comunidade se sentiram tratadas injustamente pelo assombroso personagem e exigiram restituições"[107].

Trata-se, portanto, de entender a relação entre "inveja e ignorância", entre as duas causas desta visão negativa do liberalismo. Existe uma relação causal? E, em caso afirmativo, qual das duas é a causa e qual a consequência? Em Mises, a resposta parece bas-

---

104   *Ibidem*, p. 13.
105   *Ibidem*, p. 9.
106   *Ibidem*, p. 13.
107   CHOI, 1993, capítulo VII.

tante clara: a inveja causa a ignorância. Parte-se de um sentimento instintivo e cria-se um sistema de pensamento pelo qual lemos a verdade: "[os intelectuais] sublimam seu ódio em uma filosofia: a filosofia do anticapitalismo"[108].

Em Kirzner, por outro lado, o discurso parece ser mais complexo. Às vezes parece prevalecer a ideia que a origem é a ignorância, ou seja, a incapacidade de interpretar a correta essência e dinâmica da realidade, outras vezes, parece que seja algum tipo de sensação emotiva a gerar a ignorância. No final, porém, as palavras mais claras do autor afirmam que "não há dúvida que se possa classificar este tipo de inveja como baseada em uma total ignorância do papel da descoberta do empreendedor [...]. Mas este tipo de inveja gerada pela ignorância parece chamar a atenção para si mesma por que expressa uma recusa implícita de reconhecer o escopo da inovação. Os críticos, nesse caso, não são ignorantes sobre a natureza da descoberta por um implícito sentimento de culpa das "ciências sociais", mas sim porque estão absortos em uma atitude intrinsecamente hostil em relação à própria mudança. Mesmo quando são forçados a admitir que a mudança é em algum sentido progressiva e benéfica, eles são fortemente inclinados a vê-la como uma destruição incorreta e antiética da vida dos honestos e dignos cidadãos. De nenhuma maneira estão prontos para reconhecer a possibilidade que esses dignos cidadãos tenham superestimado óbvias (ou menos óbvias) formas de melhorar os métodos de produção"[109]. De acordo com esta visão, em suma, trata-se de emoções, instintos, impulsos, que outra grande inspiração de Kirzner chama de "impulso em direção ao socialismo"[110].

---

108   MISES 1994 [1972], p. 12.
109   KIRZNER, 1993, p. 325.
110   HAYEK, 1949, [1960], p. 378.

Quanto ao mérito das questões e das críticas feitas ao liberalismo, o autor acredita que "as mesmas objeções são geralmente levantadas sem o benefício de algum *explícito* enquadramento teórico"[111]. Da mesma forma, Hayek argumenta que "se tivéssemos que entender essa peculiar inclinação de grande parte dos intelectuais, deveríamos ser claro sobre dois pontos. O primeiro é que eles geralmente julgam todas as questões específicas à luz de certas ideias gerais; o segundo é que os erros típicos de cada período são frequentemente derivados de alguma verdade genuína, e essas são as aplicações incorretas de novas generalizações que tentaram seu valor em outros campos. A conclusão a que devemos ser conduzidos por uma consideração integral desses fatos é que a rejeição real de tais erros exigirá frequentemente maior progresso intelectual, e muitas vezes o progresso em pontos que são muito abstratos e podem parecer muito distantes das questões práticas. É talvez a característica mais peculiar do intelectual que ele julga as novas ideias não pelo seu mérito específico, mas pela prontidão com que elas se encaixam dentro de suas concepções gerais, na imagem do mundo que ele tem como moderna ou avançada, [a *Weltanschauung* predominante de um período] que fará com que o intelectual aceite prontamente uma conclusão e recuse outra sem uma real compreensão dos problemas"[112]. Da mesma forma, Mises também evoca esses aspectos quando enfatiza o "acreditar" em determinadas teorias, ao invés do "saber": "as pessoas não pedem mais socialismo porque sabem que o socialismo vai melhorar suas condições, e não rejeitam o capitalismo porque sabem que é um sistema prejudicial aos seus interesses. Eles são socialistas porque acreditam que o socialismo vai melhorar as suas condições, e odeiam o capitalismo porque acreditam que os prejudique. Eles são socialistas porque estão cegos pela inveja

---

111 KIRZNER, 1974, p. 3.
112 *Ivi*. Leia também HAYEK, 1949, [1960], pp. 371-84.

e pela ignorância"[113]. Como observado em várias ocasiões, Kirzner não tem a pretensão de dizer que o liberalismo é livre de problemas éticos-morais. Para ele, não diz respeito ao sistema em si, mas à natureza das coisas, ao estado do mundo, ideia que se pode muito bem sintetizar na frase: "Se isso é 'injusto' então a carga permanece na natureza e não nos homens"[114].

---

113   MISES, 1994 [1972], p. 36.
114   *Ibidem*, p. 71.

CAPÍTULO 5

Conclusões

Uma defesa não defensiva do liberalismo.

Em um interessante artigo, P. Boettke e W. Butos questionam se podemos falar de atividade empreendedora também na pesquisa científica. Assim como Israel Kirzner fala da ação empreendedora que descobre oportunidades de lucro já existentes, poder-se-ia entender a ação do pesquisador, do estudioso como uma ação que descobre um aspecto, um tópico (etc.) de grande importância científica? É um tema intrigante. E surge imediatamente a ideia de interpretar as obras do próprio autor que vão neste sentido. Para além das questões de mérito, parece que, de fato, Kirzner logrou (re)descobrir algumas ações humanas importantes existentes no mundo real, mas pouco presentes na literatura acadêmica, e tentou dar-lhes uma formalização analítica-científica.

Neste sentido, os temas kirznerianos pertencem certamente ao extenso e importante debate *estado-mercado*. O inglês insere-se nesta polêmica tornando-se líder vivo da Escola Austríaca, e tomando o lugar de Mises e Hayek, determinou a pauta da agenda da pesquisa austríaca dos anos 1970 até os dias de hoje. Tudo isso começa quando em 1974 é realizada a conferência de South Royalton (Vermont), que uniu três protagonistas da Escola Austríaca moderna: Lachmann, Kirzner e Rothbard[1]. E é em torno dessas três figuras que nasce uma divisão interna da Escola Austríaca e um debate que continua ainda hoje, no qual Kirzner se configura como o autor mais importante da corrente "moderada".

Toda a Escola Austríaca sempre deu grande ênfase às consequências não intencionais, e a própria carreira de Kirzner começa por um fato casual, uma vez que ele escolheu por acaso uma disciplina eletiva lecionada por Mises, sem conhecê-lo.

Na verdade, Kirzner não se ocupava de economia em sentido estrito. Nunca lhe interessaram as principais questões geralmente tratadas pela literatura econômica *mainstream* do pós-guerra, como a inflação, o emprego, a quantificação do nível eficiente de impostos etc.

Se sobrepuséssemos todo o trabalho do autor inglês como *slides*, encontraríamos o mesmo mínimo divisor comum: o mercado e a política, o indivíduo e o estado. Como austríaco, para Kirzner a economia não se resolve na quantificação da econometria que está em voga hoje; para ele a economia estuda as ações dos seres huma-

---

1   Os discursos desta ocasião foram publicados em E. Dolan, *Foundations of modern austrian economics*, Kansas, Sheed andrews and McMeel, 1976.

nos, das pessoas, nos mais diversos contextos, incluindo as instituições políticas. Neste sentido, o estudo da economia, da política, da sociedade, do direito, coincidem. Formam e constituem a ciência social no singular, que ao mesmo tempo inclui todos esses paradigmas e disciplinas; como se não pudesse ser colocada no plural (como se fosse um *singularia tantum*).

Além disso, embora muitas vezes diga que quer manter-se cientificamente neutro em relação aos juízos de valor, e ainda que isso possa ser realmente factível, às vezes Kirzner revela-se afirmando explicitamente que "se preocupa com a questão da justiça econômica dos sistemas de mercado"[2].

Da mesma forma, deve-se interpretar as categorias do empreendedorismo (tão estudadas pelo autor) e do lucro. O primeiro conceito deve ser entendido no sentido usual do termo: "uma pessoa empreendedora" – empreendedor, aquele que empreende. É a partir deste ponto que Kirzner começa, e não a partir de uma idealização superior do termo feita por alguns pensadores, para então depois encaixá-la em modelos matemáticos ideais e limitar sua aplicabilidade apenas a questões econômico-monetárias. Um sujeito é um empreendedor com base nas ações que ele realiza, e de fato são as próprias ações que tem (em maior ou menor grau) caráter empreendedor. Esse empreendedorismo então consiste no estado de alerta (*alertness*) de perceber oportunidades de lucro inexploradas e aproveitá-las. Em suma, tentar obter benefício das próprias ações. Desse modo é evidente que toda a ação tem uma característica empreendedora[3].

---

2 KIRZNER, 1989, p. 93

3 Como já mencionado, um dos pressupostos básicos de toda a Escola Austríaca é que o homem realiza uma determinada ação para obter benefícios, caso contrário, simplesmente não agiria dessa forma específica.

Israel Kirzner considera que esta questão do empreendedorismo – como uma pessoa age, tentando extrair benefícios através da exploração das oportunidades presentes – seja a peça fundamental de muitos fenômenos estudados pelas ciências sociais. De fato, não é por acaso que essa perspectiva tem sido utilizada, por ele mesmo e por outros autores, para ler até mesmo fenômenos políticos-institucionais como os processos de *policymaking* e a redistribuição.

Kirzner já se tornou uma citação "obrigatória" na literatura científica sobre empreendedorismo, imediatamente após Schumpeter, e quase sempre como sua contraposição. Para o austríaco de nascimento (Schumpeter), o empreendedorismo é uma inovação destrutiva, um elemento exógeno que emerge na circularidade do sistema, rompendo com o equilíbrio que havia apenas sido atingido (o que seria a condição de mercado normal) e, destruindo, cria e inova levando o sistema para outra e diferente curva. Para o austríaco por adesão científica (Kirzner), o empreendedorismo é um elemento endógeno ao sistema, característica indissociável da ação humana, e não necessariamente limitado à categoria da inovação. Não é por nada destrutivo, mas pelo contrário, construtivo e coordenador; não introduz no sistema coisas completamente novas mas une algumas já presentes; não rompe com um equilíbrio perfeito do mercado que jamais existe fora dos modelos clássicos; possui por sua vez um efeito *equilibrador*, mas de um equilíbrio que nunca pode ser alcançado, já que subitamente as condições do sistema mudam.

É fácil ver como, sobre este ponto, Kirzner está mais perto de Hayek do que de Mises. Na clássica disputa interna da Escola Austríaca entre "hayekianos" e "rothbardianos", sendo que ambos alegam serem os sucessores e intérpretes mais fiéis de Mises, Kirzner, de fato, parece seguir mais a Hayek que a Mises. É evidente que Kirzner sustenta seu conceito de empreendedorismo na ideia de "tentativa e erro", a lá Hayek. Kirzner nunca coloca a questão explicitamente nesses termos, mas sempre liga o empreendedorismo às oportunidades *já* existentes, existentes logo no passado. O que o torna imediatamente uma categoria histórica e presente na teorização kirzneriana quase como um fenômeno empiricamente existente no passado, mesmo que depois complete o seu processo no futuro. Mises, por sua vez, chega a discutir o empreendedorismo sem investigar o passado e os fenômenos que realmente ocorreram. O empreendedorismo misesiano é uma categoria teórica (mas não abstrata) e não empírica; é uma categoria derivada dedutivamente pelo pensamento, pela lógica, pela praxeologia, aprioristicamente; ao invés de uma interpretação indutivista de fenômenos empíricos.

Passando do conceito de processo dinâmico (em oposição a uma situação estática) para o de empreendedorismo, Kirzner chega à ideia de lucro: tudo aquilo que os atores sociais procuram alcançar, o que move suas ações e ao mesmo tempo o que essas ações provocam, suas consequências. Por que os homens agem de forma empreendedora? Para tentar obter lucro. Ou seja, na esperança de obter benefícios e/ou remover situações indesejáveis. Isto obviamente não no sentido econômico-monetário, mas em seu significado estritamente epistemológico e portanto na sua mais ampla abrangência. Contemporaneamente o autor chega a tratar esse tema, uma vez que nota que quase todas as críticas ao liberalismo têm como trunfo a crítica ao lucro. Ele tenta construir uma defesa mais forte do liberalismo e, ao mesmo tempo, responder às críticas.

É precisamente porque Kirzner chega a esse assunto via conceito central da ação empreendedora (a qual descobre oportunidades de lucro ainda não desfrutadas), que acredita que o lucro seja uma descoberta, algo que existe e que se descobre. Não é uma invenção criada *ad hoc*. É, certamente, uma perspectiva original e incomum no panorama científico. Por um lado, pode imediatamente parecer uma forte defesa do lucro, porque se não é inventado *ad hoc*, o responsável pode ser só quem o explora; mas, ao mesmo tempo, por uma perspectiva diferente, poderia parecer uma "justificação" mais fraca, porque uma vez que não é criada, mas simplesmente desfrutada a oportunidade, a contribuição ativa de quem explora o lucro é por assim dizer minimizada e torna-se mais difícil encontrar uma contribuição social para o sistema todo. Na verdade, o próprio autor admite que os mesmos defensores do liberalismo e da legitimidade do lucro tomam uma posição fraca e defensiva, onde "até mesmo aqueles que estão prontos a reconhecer a aceitabilidade ética da propriedade privada, mesmo aqueles que não defendem o esmagador imperativo ético que prescreve a igualdade de renda, são muitas vezes perturbados pelas aparentes consequências de lucro empreendedor". Esses lucros são vistos, de fato, como lucros não ganhos e imerecidos, e "portanto devem, de alguma forma, ter sido injustamente ganhos às custas de algum outro participante do mercado"[4].

Em qualquer caso, Kirzner analisando primeiro a literatura científica sobre o assunto encontra o fio condutor: a ideia que o lucro corresponde àquilo "que um homem tenha produzido". E reencontra essa perspectiva em muitos autores diferentes, tais como Locke, Mill, Marx, e M. Friedman. O autor também analisa as opiniões comuns mais conhecidas, como a de Hawley, para quem o lucro vem da ação de correr riscos; a de Stigler, para quem o lucro é o resultado do acaso, da sorte; e aquela de Nozick (nos moldes lockeano), do lucro como a aquisição original e transferência voluntária. Sabendo que o lucro é a peça central de toda a questão

---

4   KIRZNER, 1990, p. 2.

redistributiva, e logo do debate socialismo-liberalismo, Kirzner discorda desta imposição.

Para ele, o lucro é desfrutado de forma empreendedora. Crítica a visão do "que um homem tenha produzido", porque demanda que uma pessoa seja obrigada a misturar o seu trabalho com o que descobre para que possa ser reconhecida como legítima proprietária. Esta perspectiva deixaria de fora a propriedade dos recursos naturais, que como tais seriam apenas descobertos sem necessidade de se lhes agregar valor (o próprio trabalho). Para Kirzner, essa posição é "muito fraca, e é boa apenas para justificar a posse do que é produzido, e não da apropriação dos recursos naturais que são de propriedade de ninguém"[5].

Na verdade, Kirzner não percebe que, em qualquer caso, é materialmente impossível não agregar o próprio trabalho à descoberta. Descobrir um certo recurso natural já pressupõe um mínimo de esforço, e em todo caso uma ação, para depois explorá-lo, fazer com que tenha valor no mercado. Coloca-lo em circulação ou apenas apossar-se dele prevê inevitavelmente sempre e de qualquer forma um esforço, trabalho, ações. Na verdade Kirzner mostra as consequências dessa confusão quando afirma: "não quero de maneira alguma dizer que o primeiro descobridor de um recurso deve ser declarado seu legítimo proprietário mesmo que não tenha levantado um dedo para tomar posse do que encontrou ou descobriu. (De fato, eu costumo dizer que quando *A* descobre um recurso sem propriedade, mas não toma posse dele, isso sugere que ele *não* encontrou realmente verdadeiro valor. O primeiro a tomar posse, argumenta, deveria ser reconhecido como o primeiro descobridor genuíno do valor econômico do recurso sem propriedade)"[6]. E

---

5   KIRZNER, 1975, p. 5.
6   KIRZNER, 1989, pp. 171-172.

para tomar posse não se mistura, talvez, o próprio trabalho com o recurso descoberto?

No que diz respeito à forte crítica que faz derivar o lucro exclusivamente do acaso e lhe atribui uma grande, se não total, dose de sorte, Kirzner é categórico: a boa sorte não é suficiente. Ela pode nos ajudar a estar no lugar certo e na hora certa, mas nada garante que possamos perceber as oportunidades de lucro automaticamente e ainda explorá-las; é inevitavelmente necessário que o homem tome alguma atitude e através do seu "estado de alerta" (*alertness*) note que uma determinada coisa representa uma oportunidade de lucro, capturando-a e colocando-a em prática: todas as ações pelas quais só pode ser responsável o homem. Parece um pouco o que é descrito pelo ditado popular: "a sorte favorece os audazes". Para ele, o argumento da boa sorte só é usado pelos invejosos para atacar aqueles que conseguiram fazer alguma coisa sem proibir os outros de fazê-lo, algo que ninguém lhe impediu de fazer e que simplesmente não foi feito por nenhuma outra pessoa sem qualquer motivo em particular, exceto aqueles devidos à própria responsabilidade[7].

Na literatura, Kirzner não encontra nada semelhante à sua particular perspectiva de "lucro empreendedor" como "lucro puro", exceto em poucos casos e em autores muito diferentes entre si, e em comparação com o próprio Kirzner: Kant e Hegel. O primeiro acredita que "quando se trata da primeira aquisição de um bem, o seu cultivo ou modificação através do trabalho não dá nada mais que um sinal externo que foi tomado em posse"[8]. Não é envolver o próprio trabalho com um determinado recurso que faz com que alguém se torne seu proprietário, mas "a operação transcendental

---

7 Cfr. I. Kirzner, *Discovery, private property and the theory of justice in capitalist society,* 1990, p. 11 e I. Kirzner, *Discovery, capitalism and distributive justice, Oxford, Basil Blackwell,* 1989, p. 162
8 KANT I., *Philosophy of law,* Edinburgh, 1887, p. 92

de dirigir a vontade (de alguém) sobre (o objeto)"[9]. Hegel também via a vontade humana como a verdadeira fonte dos direitos de propriedade e acreditava fornecer uma justificativa para a aquisição de recursos naturais que fosse superior ao empregado pela adição de trabalho"[10]. Para o nosso autor, no entanto, as oportunidades de lucro surgem porque a previsão humana é imperfeita[11]. A abordagem empreendedorial também se aplica à questão do lucro, portanto, leva Kirzner a formular a tese do *finder-creator-keeper* ou apenas, talvez mais precisamente, *finder-keeper*: o agente social que descobre e, portanto, possui.

Finder-creator-keeper – ou somente *finder-keeper*. Por quê? Em que sentido? Qual é a diferença? Este é um ponto muito importante. O termo inicialmente utilizado por Kirzner vem quase sempre omitido, e esta é a falha da sua contribuição. Ele entende que o empreendedorismo cria um novo valor adicional, um valor agregado, e de fato diz que "vemos o empreendedor como criador, não no sentido de produtor físico, mas no sentido estrito de ser o descobridor de oportunidades disponíveis"[12], tratando então um "novo valor" criado pelo empresário, mas sai imediatamente deste caminho. Voltamo-nos a não mais fazer o ponto de sua defesa do lucro. Na realidade, o que torna qualquer tipo de ação uma ação empreendedora é apenas isso: unir as diferentes variáveis de modo a coordenar os planos individuais, criando algo novo, um valor agregado. Sempre que olhamos para o futuro, tentamos descobrir o que pode ser apreciado pelas pessoas, para que possamos tentar realiza-lo antes dos outros. Não se trata simplesmente de descobrir algo que já existe, mas sempre e em todo caso de mudar a natureza, criar algo

---

9   SCHATTER R., *Private property. The history of an idea*, Rutgers University Press, 1951, p. 256
10   Cfr. KIRZNER, 1975, p. 8 e SCHATTER R., 1951, p. 256.
11   KIRZNER, 1989, p. 63.
12   KIRZNER, "Entrepreneurship, entitlement, and economic justice", *Eastern economic journal*, 1978, p. 19.

novo, que será apreciado pelo povo criará benefícios e, então, um valor. Esta, além de parecer uma descrição do fenômeno, parece mais correta e factual, e também útil como uma defesa normativa da essência e do papel do lucro bem mais convincente que a visão que o relega a uma mera descoberta de algo que já existe. Isto porque, se, como ele mesmo admite, o objetivo de Kirzner é defender o sistema liberal contra a política da redistribuição que se baseia em uma visão diferente do lucro e da sua legitimidade, a perspectiva do valor agregado parece responder melhor também a esta exigência.

Para Kirzner, o ponto central da questão redistributiva (através de meios políticos) é o lucro. O inimigo imaginário do nosso autor é John Stuart Mill com sua famosa distinção entre alocação e distribuição. Sobre esse tema, Kirzner é peremptório: [os defensores da política de redistribuição] não entendem que a diferença entre alocação e distribuição simplesmente não existe. Quando as pessoas criam e produzem, fazem-no de maneira difusa. Não é uma unidade avassaladora que produz de modo único e centralizado. Cada um produz uma parte dela e é então seu dono. Ao contrário, para Mill a produção é um fato natural e, como tal, responde às leis naturais e às propriedades físicas, nas quais é impossível intervir e, portanto, deve ser deixado às forças do mercado; a distribuição, por sua vez, é uma invenção humana, é um dado artificial que pode, então, intervir na produção e que pode (e deve) ser regida pela lógica política. Kirzner tenta mostrar que a riqueza produzida não é "maná do céu" nem um "bolo que já está lá", mas que alguém a produziu, surgindo, assim, já distribuído e, que em seguida, redistribuir significa dá-lo a outras pessoas tirando-o do proprietário. Esta é a crítica de Kirzner a Rawls e sua teoria da justiça.

Outra crítica se refere à falta de compreensão do funcionamento do mundo real e sua lógica de *economização* (o que não é economia no sentido monetário), em que Rawls acredita que o lucro seja um fato artificial e uma criação *ad hoc* do homem, que através do empreendedorismo o privatiza, subtraindo-o da esfera social. Assim, portanto, elimina-se o empreendedorismo, ou seja, impede-se que as pessoas possam tentar aproveitar as oportunidades de lucro[13], substituindo-se os empreendedores por *burocratas-managers*, que na prática seria evitar qualquer tipo de ação empreendedora, por parte de qualquer pessoa, em qualquer esfera social, e dar direito e poder apenas aos *burocratas-managers*.

Para Rawls, este sistema de "mercado" modificado *ad hoc* garantiria o bem-estar, mesmo se "os funcionários do carisma se tornam os 'senhores da economia', na verdade os 'senhores da sociedade' [...]. Eles se transformam em *homo burocraticus*, e este por sua vez, torna-se o empreendedor universal e o alocador único e exclusivo dos recursos"[14]. No entendimento de Kirzner, Rawls perde de vista o ponto fundamental: que em tal sistema desapareceria o incentivo para aproveitar as oportunidades, ou seja, o lucro. Este lucro pode ser capturado apenas por burocratas, agora os únicos no direito e no poder de agir de forma empreendedora, aos quais, no entanto, pertence uma tarefa epistemologicamente impossível, tendo em vista a coletivização centralizada de um fenômeno que por sua natureza é difuso, além da impossibilidade do conhecimento perfeito, ainda mais quando se trata de um número limitado de burocratas que decide pelos outros, subtraindo seus recursos[15]. Isso ocorre porque o sistema socialista não pode funcionar como um sistema liberal, que funciona como funciona precisamente porque se baseia em incenti-

---

13   PELLICANI, 2004, nota que quando se elimina "o lucro – que é um incentivo vital para a eficiência –, o planejador não pode usar as molas do interesse econômico privado e deve substituí-las com pinças ideológicas e, no caso de estas serem escassas, com as molas de carreirismo ou até mesmo do medo. Resultado: a racionalidade econômica é sacrificada no altar do poder total", p. 121.

14   *Ibidem*, p. 122.

15   Cfr. KIRZNER, 1989, pp. 65-67 e BARON e PASSARELLA, 2011, p. 9.

vos difusos. Hayek e Kirzner argumentam que o 'conceito de justiça social' é necessariamente vazio e sem sentido, porque nele ninguém poderá determinar os retornos relativos para as diferentes pessoas, ou prevenir que estas dependam, em parte, do acaso. À 'justiça social' pode ser dado um significado apenas em uma economia dirigida ou 'controlada' ... em que aos indivíduos é dito o que podem fazer"[16].

No mundo real, os funcionários do governo, como todos os seres humanos, também se comportam de forma empreendedora (esta é a perspectiva de nosso autor). E é, de fato, a partir desses *insights* que Kirzner também pode influenciar outras escolas de pensamento, como a Public Choice. Isso porque o conceito central de empreendedorismo kirzneriano, tendo provado a sua derivação e aplicabilidade em qualquer esfera da ação humana e social, foi importado para a esfera da política que vem, assim, a delinear a figura do político. Ou seja, uma pessoa que age de forma empreendedora no âmbito da política, notando então oportunidades de lucro e aproveitando-as. Ocorre que, nesta perspectiva, na esfera coletivizada da política, a natureza do lucro e a maneira de realiza-lo muda radicalmente. Neste contexto, o lucro descoberto é na verdade uma renda e não cria nenhum valor agregado, porque, inevitavelmente, é sempre uma redistribuição. Não é um jogo *win-win*, onde todos os participantes vencem, mas um jogo de soma zero, onde alguns ganham e outros perdem exatamente o que seus adversários ganham. A maneira de capturar esse lucro é "uma transferência de recursos por meio de legislação e de regulamentação"[17], ao invés de uma abordagem proativa. Isso cria um ciclo vicioso inevitável de desincentivos[18]. As consequências dessa visão são evidentes e fortes.

---

16   KIRZNER, 1989, p. 9 citando F. A. Von Hayek, *Law, legislation and liberty: the mirage of social justice*, vol. II, Chicago University Press, 1976, p. 69.
17   DI LORENZO, 1987, p. 66.
18   Cfr. BOETTKE e LOPEZ., 2002, p. 115. DI LORENZO, 1987, pp. 66-69. OLSON M., *The Rise and Decline of Nations*, New Haven: Yale University Press, 1982.

É precisamente por estas limitações inerentes e inevitáveis dos sistemas políticos e burocráticos que os funcionários do poder e os *policymakers* em geral devem (esta é a mensagem de Kirzner) abster-se principalmente de o fazer: sem promover nem empreendedorismo e desenvolvimento, nem justiça social e redistribuição. Eles deveriam se limitar a reconhecer e garantir as interações individuais essencialmente fazendo três coisas: proteger e defender os direitos de propriedade; permitir a liberdade de contrato entre adultos, limitando assim o poder e o alcance da intervenção estatal, ao invés de criar uma legislação *ad hoc* para estimular a riqueza e bem-estar; descobrir as normas gerais já existentes em proteção de uma sociedade baseada em acordos contratuais.

Kirzner parece consciente do fato que os seus são pouco mais do que *sermões inúteis*. Ele já está ciente que há bastante tempo o mundo está indo na direção oposta à desejada por ele. Parece que a previsão de Schumpeter está se realizando, segundo a qual o capitalismo continuará a declinar por causa de seu próprio sucesso, porque a melhoria das condições gerais de vida, aumentando o tempo livre, o prazer e a capacidade de consumir bens imateriais e intelectuais levaria a uma mudança radical de valores e visões ao ponto de primeiro desconhecer e depois desprezar esta mesma causa de bem-estar. Isso, para os "intelectuais" e a opinião pública. Nosso autor, de fato, liga tudo à crença que "a capacidade do mercado para servir a sociedade foi e é constantemente minada pelos ataques levantados por seus adversários ideológicos e pela impotência do público para resistir a esses ataques. A opinião pública tem sido moldada em uma direção esmagadoramente antitética a uma orientação de mercado"[19].

---

19 KIRZNER, 1974, pp. 1-2.

Um processo a cascada onde a opinião pública é convencida por intelectuais, que seriam movidos por uma mistura de "ignorância e inveja" (sempre propostos em forma científica), em que é difícil para Kirzner reconhecer qual a causa e qual o efeito. O veredito final, no entanto, é que "eles são ignorantes porque são inerentemente imbuídos de uma atitude hostil à mudança em si"[20], e embora certamente bem-intencionados, Kirzner não deixa de salientar que se você quer descobrir e obter melhorias sociais e morais não é tão lógico jogar fora, *a priori*, a hipótese de encontrar estas melhorias e trazê-las para a superfície dentro do próprio sistema liberal. As ideias do economista "certamente não proclamam que o capitalismo esteja livre de todas as imperfeições morais (uma vez que em todo o caso, uma justiça estrita não é o único critério de moralidade entre os seres humanos). Ele certamente não afirma que todas as ações tomadas sob o capitalismo histórico[21] foram morais ou justas"[22]. Ele argumenta que um sistema "que foi tão extraordinariamente produtivo, melhorando o padrão de vida humana, não deve ser rejeitado na base de uma justiça natural. Melhorias podem ser buscadas dentro da mesma estrutura capitalista"[23].

A mensagem Kirzner, então, é a que o liberalismo é moralmente positivo. Não porque não faz mal, mas porque faz só o

---

20 KIRZNER, *The Morality of Pure Profit The Logic and Illogic of a Popular Phobia*, 1993, p. 325. Mesmo Mises fala de "inveja e ignorância", e para ele a primeira determina a segunda, onde "[os intelectuais] sublimam seu ódio em uma filosofia, a filosofia do anticapitalismo'", MISES, 1994 [1972], p. 12.

21 Kirzner distingue entre "capitalismo histórico" e "sistema de mercado puro". M. Weber fala de "capitalismo de estado" e "capitalismo de mercado", *Economia e Sociedade*, 1922. Kirzner, muitas vezes usa os termos "sistema de mercado" e "capitalismo" como sinônimos, e a compreensão específica do capitalismo como "um sistema puro", em que toda a atividade econômica continua através dos mercados *laissez-faire*", falando não tanto a respeito da categoria histórica do capitalismo de hoje, mas sobre a sua teorização conceitual, e não o "mundo real do capitalismo moderno de hoje, onde há muitas vezes um enorme volume de regulação estatal modificando o funcionamento do mercado livre.". KIRZNER, 1989, p. 4

22 KIRZNER, 1990, p. 222.

23 KIRZNER, 1989, p. 177.

bem. Ele rejeita *uma defesa defensiva*[24], e de maneira inovadora e empreendedora tenta dar uma forte base ética ao liberalismo e, assim, ao empreendedorismo humano.

---

24   "É porque acredita-se que o capitalismo, no mínimo, permite um certo grau de iniquidade, que muitos dos seus defensores se sentem compelidos a construir uma sua defesa em termos cheios de desculpas: é verdade, a exploração e a injustiça são grandes sob o capitalismo, mas, afinal de contas, o sistema promove a prosperidade e/ou liberdade individual, e assim por diante", *Ibidem*, p. 2

REFERÊNCIAS

Aron R., *L'oppio degli intellettuali*, La biblioteca di Libero, Roma, 2005.

Baron H. e Passarella M., Competition without equilibrium. The "entrepreneurial discovery", Austrian economic theory, online at http://mpra.ub.uni-muenchen.de/28505/ MPRA Paper N°. 28505, posted 29. January 2011.

Binenbaum E., "Kirzner's core concepts", em Meijier G., (ed.), *New perspective in Austrian economics*, London, Routledge, 1995.

Boettke P., *Israel Kirzner*, Nomos, 1987.

Boettke P.J. and Coyne C. J., Entrepreneurship and Development: Cause or Consequence?" *Advances in Austrian Economics,* 2003, 6: 67-88.

Boettke P.J., Coyne C. J. and Leeson P. T., "Institutional stickiness and the new development economics", *American journal of economics and sociology*, Vol. 67, n. 2, April, 2008.

Boettke P. & Lopez E. J., "Austrian economics and Public Choice", *The review of Austrian economics*, 15:2/3, 2002.

Boudon R., *Perché gli intellettuali non amano il liberalismo*, Rubbettino, Soveria Mannelli, 2004.

Choi Y.B., *Paradigms and Conventions: Uncertainty, Decision Making and Entrepreneurship*, Ann Arbor, University of Michigan Press, 1993, capítulo VII.

Colombatto, "Dall'impresa dei neoclassici all'imprenditore di Kirzner", versão preliminar do artigo sucessivamente publicado em *Economia Politica*, 18 (2), 2001.

Colombatto E. and Melnik A., "Productive and non-productive entrepreneurship and the interaction between founders and funders", *New perspective on political economy*, Volume 4, number 1, 2008, pp. 1-21

Coyne C. J., "Entrepreneurship and the Taste for Discrimination," *Journal of Evolutionary Economics*, forthcoming (with J. Isaacs and J. Schwartz)

_____ Review of David Harper, Foundations of Entrepreneurship and Economic Development, *The Review of Austrian Economics*, 2005, 18(2): 219-221.

Cowen T., "Entrepreneurship, Austrian Economics, and the Quarrel Between Philosophy and Poetry", *The Review of Austrian Economics*, 16:1, 5–23, 2003.

D'Amico D., "Book review" of Jesus Huerta de Soto's "The Austrian school: market order and entrepreneurial creativity, Review of Austrian economics", *The Review of Austrian Economics*, volume 23, n. 2, 193-198

Di Lorenzo T. J., "Competition and Political Entrepreneurship: Austrian Insights into Public-Choice Theory", *The Review of Austrian Economics*, 2, 1987, 59-72.

Douahn R., Eliasson G., Henrekson M., "Israel M. Kirzner: an outstanding Austrian contributor to the economics of entrepreneurship", *Small Business Economics*, 2007, 29.

Foss K., Foss N. J., Klein P. and Klein S., 2007, "The entrepreneurial organization of heterogeneous capital", *Journal of Management studies*, 44 (7), pp. 1165-1186.

Foss K., Foss N. J. and Klein P., 2007, "Original and derived judgment: an entrepreneurial theory of economic organization", *Organization studies*, 28 (6), pp. 1-20.

Gilder G., paper para o Congresso *Cato-Brookings Institution "Regulation in the Digital Age", Washington 17-18 April, 1997.*

Gunning P. J., Review of "Perception, opportunity and profit: studies in the theory of entrepreneurship" by I. Kirzner, 1980, The University of Chicago Press, Chicago, *Southern Economic Journal January*, n°1, 1981.

Hayek von F. A., "The use of knowledge in society", *Individualism and economic order*, Chicago, University of Chicago Press, 1948.

_____*Intellectuals and socialism* [Reprinted from The University of Chicago Law Review (Spring 1949), pp. 417-420, 421-423, 425-433, by permission of the author and the publisher, The University of Chicago Press. George B. de Huszar ed., The Intellectuals: A Controversial Portrait, Glencoe, Illinois: the Free Press, 1960, pp. 371-84. The pagination of this edition corresponds to the Huszar edited volume.].

_____*The Counter-Revolution of Science*, Free Press, 1955.

Harper D., 2003, *Foundations of Entrepreneurship and Economic Development*, Routledge, London.

Hazlitt H., Review of Kirzner (1973), *Freeman*, vol. 24, December 1974.

Hebert R. F. and Albert N. Link, (1982), *The entrepreneur. Mainstream views and radical critiques*, New York, Praeger.

High J., *Maximizing, action, and market adjustment. An inquiry into the theory of economic disequilibrium*, 1990, Munich: Philosophia Verlag.

Holcombe R. G., "Entrepreneurship and Economic Growth", *The quarterly journal of Austrian economics*, vol. 1, n. 2, 1998, pp. 45-62.

_____ "Entrepreneurship and Economic Growth: Reply", *The quarterly journal of Austrian economics*, vol. 2, n. 2, 1999, pp. 73-78.

_____ "Progress and Entrepreneurship", *The quarterly journal of Austrian economics*, vol. 6, n. 3, 2003, pp. 3–26.

Horwitz S., "Entrepreneurship, Exogenous Change, and the Flexibility of Capital," *Journal des Economistes et des Etudes Humaines*, 12 (1), March 2002, pp. 67-77.

Huerta de Soto J., *La Scuola austriaca. Mercato e creatività imprenditoriale*, 2003, Rubbettino, Soveria mannelli.

Hughes J., "Entrepreneurial Activity and American Economic Progress", *Journal of Libertarian Studies*, Winter 1979, 3(4), pp. 361-370.

Hullsmann G. J., "Knowledge, judgment and the use of property", *Review of Austrian economics*, 10, n. 1, 1997.

_____ "Entrepreneurship and Economic Growth: Comment on Holcombe", *The journal of Austrian economics,* vol. 2, n. 2, 1999, pp. 63-65.

Infantino L., *Individualismo, mercato e storia delle idee*, Rubbettino, Soveria Mannelli, 2008.

_____*L'ordine senza piano,* Armando Editore, Roma, 1998.

Ikeda S., "How compatible are Public Choice and Austrian political economy?", *The review of Austrian economics*, 16:1, 2003.

Iorio Ubiratan J., *O valor do empreendedorismo*, anno VII " N° 78 " Settembre 2008

_____*Economia e liberdade*, Forense Universitari, 1997

_____*Falhas de mercado versus falhas de governo*, *http://www. ubirataniorio.org/antigo/falhas.pdf*

Iorio U. J., Joao, *Maria, Jose. Empreendedorismo e intervencionismo*, anno IX, n° 102, setembro 2010.

Jakee K. and Heath S., 2003, "Praxeology, entrepreneurship and the market process: a Review of Kirzner's contribution", *Journal of the history of economic thought*, 25 (4), pp. 461-486.

Kirzner I., *Competition and Entrepreneurship*, The University of Chicago Press, 1973.

_____ "La función del empresario y el desarrollo economico", *Topicos de actualidad*, CEES, 15 July, 1973 n. 28. www.cees.org. gt. Original title "Entrepreneurship and the market approach to development", *Orientacion economica*, n. 38, August 1972, Caracas, Venezuela.

Review of *New challenges to the role of profit. The third series of John Diebold lectures at Harvard University,* B. M. Friedman (ed.), Lexington, Mass./Toronto, Lexington books, 1978.

_____Entrevista na *Austrian economic newsletter*, Mises Institute, Auburn Alabama, 1992.

_____"Entrepreneurial Discovery and the Competitive Market Process: An Austrian Approach", *Journal of Economic Literature*, vol. 35, n. 1, 1997, pp. 60-85.

_____"Creativity and/or Alertness: A Reconsideration of the Schumpeterian Entrepreneur", *Review of Austrian Economics*, 11, 1999, pp. 5-17.

_____"Producer, entrepreneur and the right to property", 19 July, 2005, mises.org

Klein P. G., "Opportunity discovery, entrepreneurial action and economic organization", *Strategic Entrepreneurship Journal.*, 2, 2008, pp. 175–190.

Klein D. B. and Briggerman J., 2009, "Israel Kirzner on coordination and discovery", *The journal of private enterprise*, 25 (1), pp. 1-53. 1997.

Knight F., *Risk, uncertainty and profit*. Boston, MA: Hart, Schaffner & Marx Houghton Mifflin Company, 1921, http://www.econlib.org/library/Downloads/knRUPdownload.html

Lachmann, "The science of human action", *economica* (new series), vol. 18, n. 72, November 1951.

Langlois R. N., "Entrepreneurship and knowledge", *Research report Center for applied economics*, June 1982

_____ "Schumpeter and the Obsolescence of the Entrepreneur", *Working Paper 2002-19*, Department of Economics Working Paper Series

_____ "The Entrepreneurial Theory of the Firm and the Theory of the entrepreneurial firm", *Working Paper 2005-27R*, Department of Economics Working Paper Series.

Leeson P. T. and Boettke P. J., "Two-tiered entrepreneurship and economic development", *International review of law and economics*, 29 (2009), pp. 252-259.

Leeson P., "Efficient Anarchy." *Public Choice* 130(1-2) 2007: 41-53.

Leoni B., "Un tentativo recente di "moralizzazione" delle scienze sociali", *L'Industria*, n. 1, 1951.

_____ "Il problema metodologico nelle scienze sociali", *Il Politico*, n. 3, 1952, pp. 350-358; ora in *Le pretese e i poteri: le radici individuali del diritto e della politica*, Introduzione di Mario Stoppino, 1997, Milano, Società Aperta.

Loasby Brian J., The entrepreneur in the economic theory, Scottish journal of political economy, 1982, Vol. 29.

Lopes Nominato Braga L., "Change and Action: Implications for the Market Process", paper of European Center of Austrian economics foundation, 2010.

Menger C., *Principi fondamentali di economia*, Rubbettino, Soveria Mannelli, 2001.

Merton R. K. e Fallocco S., *La Serendipity nella ricerca sociale e politica. Cercare una cosa e trovarne un'altra*, Luiss edizioni, 2002.

Miller, Kent D. 2007, "Risk and rationality in entrepreneurial processes", *Strategic Entrepreneurship Journal* 1: 57–74.

Mises von L., *Human action. A treatise on economics*, (fourth revised edition) Fox and Wilkes, Little rock, Arkansas 1996 [1949].

_____*"Planning for freedom and other essays and addresses"*, South Holland libertarian papers, 1952.

_____*The anticapitalistic mentality*, Libertarian Press, Grove City, 1994 [1972].

Pellicani L., Rivoluzione e totalitarismo, Marco editore, 2004.

Popper K., *Tutta la vita è risolvere problemi.* Scritti sulla conoscenza, la storia e la politica, Rusconi, 1999.

Rothbard M. N., review of "Competition and entrepreneurship", *Journal of economic literature*, 1974.

_____ "Professor Hebert on Entrepreneurship", *The journal of libertarian studies, vol. VII, n. 2, Fall 1985*

_____*Man, Economy State. A treatise on economics principles*, 2001, Ludwig von Mises Institute, Auburn.

_____ "Breaking Out of the Walrasian Box: The Cases of Schumpeter and Hansen", *Review of Austrian Economics*, 1987, 1, pp. 97-108.

_____*Anatomy of the state,* Ludwig von Mises Institute, 2009.

Salerno J. T., "The entrepreneur: real and imagined", *Quarterly journal of Austrian economics*, 11, 2008, pp. 188-207

Shackle L. S., *Epistemics and economics: A critique of economic doctrines*. Cambridge: Cambridge University Press, 1972.

Sautet F., "Entrepreneurship, Institutions and Economic Growth", in *Ways of thinking about Economic Growth. Papers from MED's Economic Growth Seminar Series*, (Ed. Roger Procter), September 2008.

Schumpeter J., *Capitalism, Socialism and Democracy*, 1994, Routledge.

Stigler G. J., "The Politics of Political Economists", *Quarterly Journal of Economics*, November 1959; reprinted in *Essays in the History of Economics*, Chicago, 1965.

Skarbek D., "Alertness, local knowledge and Johnny Appleseed", *The Review of Austrian Economics*, volume 2, n. 4.

Swedberg R., *Entrepreneurship: The Social Science View*. Oxford University Press, 2010.

Vargas Llosa A., *Libertà per l'America Latina. Come porre fine a cinquecento anni di oppressione dello Stato*, IBL-Leonardo Facco Editore-Rubbettino, 2007.

Vaughn K., *Austrian economics in America. The migration of a tradition*, Cambridge, Cambridge University press, 1998.

White L. H., (1976) "Entrepreneurship, imagination and the question of equilibration", 1976, in S. Littlechild, *Austrian economics*, vol. 3, 1990.

Zanotti. G. J., *El metodo de la economia politica,* edizione cooperativas, Buenos Aires, 2004.

Zweig M., "A New Left Critique of Economics", in D. Mermelstein, (Ed.) *Economics: Mainstream Readings and Radical Critiques,* New York, 1970.